谨以此书献给中华人民共和国成立七十五周年

鲁艺石刻
留太行

抗战时期潞城县民兵
烈士亭碑考释

长治市潞城区关心下一代工作委员会◎主办

张树平◎主编

中国文史出版社

图书在版编目（CIP）数据

鲁艺石刻留太行 : 抗战时期潞城县民兵烈士亭碑考释 / 张树平主编 . —北京 : 中国文史出版社 , 2024.

ISBN 978-7-5205-4810-6

Ⅰ . K877.42

中国国家版本馆 CIP 数据核字第 2024CE9792 号

责任编辑：戴小璇

出版发行：中国文史出版社

社　　址：北京市海淀区西八里庄路 69 号院　邮编：100142

电　　话：010-81136606　81136602　81136603（发行部）

传　　真：010-81136655

印　　装：廊坊市海涛印刷有限公司

经　　销：全国新华书店

开　　本：1/16

印　　张：14.75

字　　数：50 千字

版　　次：2024 年 8 月北京第 1 版

印　　次：2024 年 8 月第 1 次印刷

定　　价：98.00 元

《鲁艺石刻留太行》

考释单位：长治市潞城区关心下一代工作委员会

长治市潞城区党史研究室

长治市潞城区文化旅游局

长治市潞城区退役军人事务局

主　编：张树平

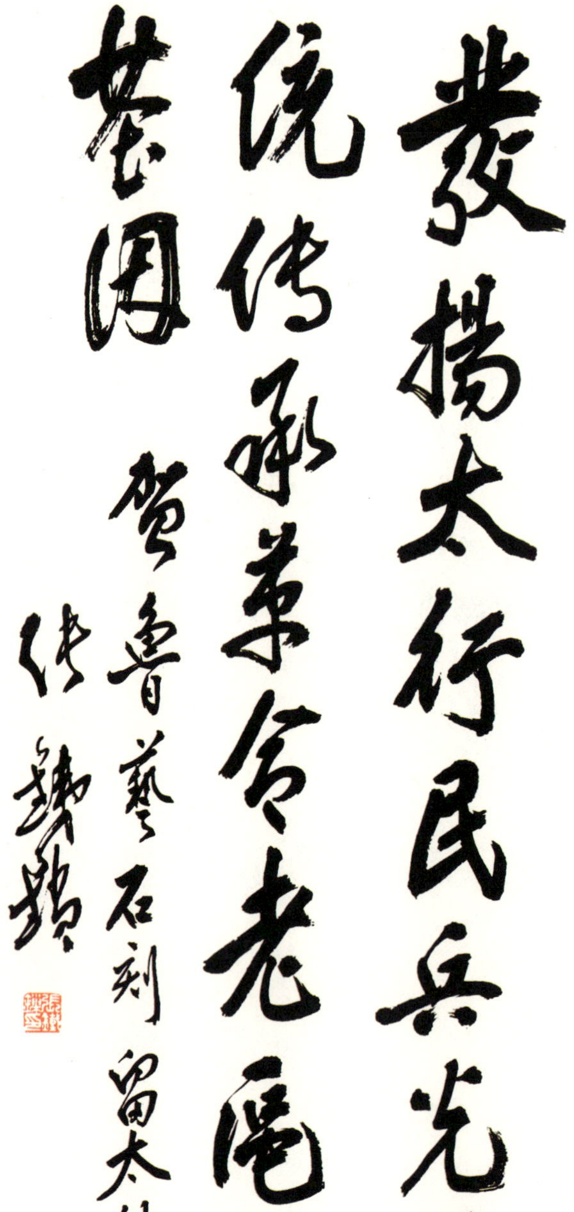

发扬太行民兵先辈传

统传承革命老区红色

基因

贺鲁艺石刻曾太引一书出版

张铁锁 题

张铁锁　山西大学客座教授，山西大学美术学院研究生导师，曾任山西应用科技学院
美术学院院长、教授。原中共山西省委党史办公室主任。

战斗在太行山上的鲁迅艺术学校师生们

——选自《山西抗日战争图文史》

（太行第一届群英会）太行四分区杀敌英雄劳动英雄合影留念

1944 年 12 月 7 日摄于山西黎城县南委泉村

于安黎　提供

注：太行区第一届杀敌英雄、劳动英雄大会，简称太行第一届群英会。出席大会英雄 326 人。其中，太行第四分区出席 48 人，潞城县出席 8 人，占六分之一。潞城县劳动英雄刘聚宝与平顺县劳动英雄李顺达，于 1950 年 10 月 5 日在北京给毛主席献旗，并在丰泽园小会议室受到毛主席接见。潞城县民兵杀敌英雄黄小旦，1950 年底受到毛主席接见。潞城县民兵杀敌英雄李歧鸣被《新华日报》太行版两次报道其抗敌事迹。潞城县女纺织英雄沃水仙的事迹被传为佳话。

上党战役后太行、太岳、冀南军区部分首长合影留念

1945 年 10 月 22 日摄于山西长治

于安黎　提供

前排左起：

左一：张天乙（太岳三专署专员）；左二：王新亭（太岳军区司令员）；左三：王近山（太岳军区副司令员）；左四：孔庆德（冀南纵队副司令员）；左五：石志本（太行军区支队司令员）；左六：韩卫民（太行第四军分区司令员）；左七：于一川（中共太行区四地委书记兼太行第四军分区政治委员）；左八：宗书阁（太行第四军分区副司令员）；左九：史景班（太行第四军分区参谋长）

后排左起：

左三：江涛（太行第四军分区情报处处长）；左五：苟在合（太行第四军分区三十二团团长）

---

①抗日战争结束时的上党区是指长治、潞城、壶关等县地，并非今日长治市上党区的概念。

中共太行四（三）地委领导与中共潞城县委部分领导合影留念

1946 年 4 月 25 日摄于山西潞城

于安黎　提供

前排左起：

左一：于林（中共太行四地委区城工部部长，曾任中共潞城县委书记）；左二：□□□；左三：岳宗泰（中共太行四地委委员、长治公安局局长，曾任中共潞城县委书记）；左四：于一川（中共太行四地委书记兼太行第四军分区政治委员）；左五：王　谦（中共太行四地委副书记兼军分区副政治委员）；左六：王定谟（太行四地委秘书长，后任中共潞城县委书记）；左七：□□□

中排左起：

左一：郭绍全（中共潞城县五区代书记委员）；左五：李贵达（一区委书记）；左四：武柯枫（中共潞城县委副书记）；左六：武正之（潞城县公安局长）；左七：郭黄狗（潞城县二区武委会主任）；左八：陈振华（中共潞城县委书记，曾任太行四分区敌工站站长）；左九：高仲雨（中共潞城县委宣传部部长，曾代理中共潞城县委书记）

后排左起：

左七：王静（于一川爱人、中共黎城县委书记）；左八：葛植青（王谦爱人、长治三区区委书记，怀抱王小燕）

山西省红色文化遗址：太行第四军分区及 32 团石梁旧址

2024 年 5 月 8 日摄于山西潞城石梁村

注：1945 年 8 月，《抗战八年来潞城县民兵烈士纪念碑（亭）》就建立在这个村里。

目 录

序
前 言

近日，山西潞城张树平同志赠我一本《鲁艺石刻留太行——抗战时期潞城县民兵烈士亭碑考释》（待印本），该书图文并茂，我拜读得十分仔细。从书中，我看到了父亲于一川题词的碑文，看到了前方鲁迅艺术学校木刻工作团设计的碑刻，在激动、怀念、沉思中，深感这是一本展现艺术、续存历史的佳作。

1945年春，面对抗日战争的大好形势，潞城县抗日根据地军政拟在驻地石梁村建"潞城县民兵烈士纪念碑（亭）"，以此表达全区兵民对八年抗战中牺牲烈士的敬仰和思念，并进一步激发民兵对敌斗争的决心和勇气。潞城是太行第四军分区对日斗争的前沿，我父亲和太行第四军分区司令石志本、副政委王谦等领导常到石梁村，对潞城情况非常了解，对建碑表示完全同意。作为军分区政委，父亲题了"为祖国而牺牲的民兵同志们永垂不朽"碑词。

1939年4月，父亲与母亲王静一同进入了中共北方局和八路军总部驻地——山西潞城县北村，与在北村龙华庵成立的晋东南鲁迅艺术学校的教员、学员相识。1940年初至8月，父母在太行党校任教员，进一步与部分鲁艺工作者建立了联系。1940年9月到1947年2月，父亲先后任中共太谷、黎城县委书记，中共太行四地委宣传部长、组织部长、地委书记兼太行第四军分区政治委员时，与鲁艺工作者沟通就更多了。父亲在北平师范大学读书时，就对金石和甲骨有浓厚兴趣，参加革命多年后，对木刻（或石刻）作为革命文艺重要部分的使命和表现方式，有了进一步的认识。这一时期，太行的鲁艺木刻艺术家创作了大量生动活泼的反映太行军民生产、生活、对敌作战的石、木刻。父亲看了很多他们的作品，和他们进行了不少探讨，正由于父亲和鲁艺的艺术家们在心灵上是相通的，因而在建碑时便确定了请他们进行设计并参加建造。今天，碑建成已经近八十年了，我有幸能看到鲁艺艺术家的珍贵作品，看到父亲题写的碑文，激动的心似乎在时空穿行中，又回到了当年风云激荡的抗日岁月。

鲁迅说："新的木刻是刚健分明，是新的青年的艺术，是好的大众的艺术。"书中刊印的大量太行鲁艺艺术家们的作品，正体现了鲁迅木（石）刻的思想。

书中有一幅"金皇后"的艺术作品，勾起我的联想。八路军一二九师生产部部长张克威（曾留学美国）和父母是老熟人，美国"金皇后"玉米品种是他最早在太行四分区推广的。母亲多次给我说"太行推广'金皇后'，多收了不少玉菱（玉米），群众很欢迎。"还有一幅"劳动妇女左右开弓"的作品使我想起一件往事：1969年我回山西黎城县看望奶爸奶妈，走时他们用一个白布口袋装了半袋柿饼，让我带给父母。我返回郑州把柿饼给母亲时，她看着布口袋对我说："这是你奶妈织的。那时我在黎城当县委书记，也学会了纺线织布，还常到老乡家，老乡让我们吃的就是这样的柿饼和核桃。"辞别父母回京时，母亲把布口袋给了我，对我说："洗干净了，好好收着，是个念想。"这几件作品中把妇女劳动刻画得栩栩如生，其画面让我对当年情况浮想联翩。

纪念碑碑文记载了潞城民兵在政权建设、抗灾自救、对敌斗争等方面的情况。其中作战方面记有："（潞城）从民兵建立迄四五年六月底止，民兵单独与配合战斗即达三千二百余次，参战人数三万二千余名，毙俘伤敌、伪、奸在四百八十名以上，缴获武器弹药物质资财更难统计。"而鲁艺艺术家在碑上则创作了如"杀敌英雄""英雄民兵抓伪军"等民兵训练、作战的作品。看着那幅"杀敌英雄"石刻中的右手高举手榴弹、左手提着驳壳枪、腰系皮带、肩挎子弹带、腿扎绑带、脚踏乱石的民兵英雄，似乎战斗就在眼前。

我在回忆父亲的书《胝足万山》中曾写道：太行第四军分区民兵"军事整训的主要内容为射击、投弹、地雷爆炸和利用地形地物，配合主力作战……在学习地雷战方面，他们不仅学会了埋踏雷、挂雷、拉雷、滚雷和磁雷等技术，还创造了死雷变活雷的先进爆破方法，在以后的对敌斗争中发挥了很大作用。"这里所指"以后对敌斗争"便是对日寇败亡前的作战和1945年9、10月间在晋东南进行的"上党战役"。"上党战役"共歼敌3.5万余人，是解放战争时期对敌的第一个大的歼灭战。太行四地委组织了2.28万民兵直接参战，战役后勤指挥部（父亲任政委）组织了6万多人随军支援。鲁艺艺术家创作了很多关于这次战役的作品，本书中收入了反映上党战役的系列石刻。我看着这些作品，真有痛歼敌人、胜利进军的快感。

在碑文上刻着姓名的145名民兵烈士，牺牲时平均年龄仅24.3岁，最小的只有15岁，这些年轻鲜活的宝贵生命献给了民族的解放。据了解,潞城是太行区抗战中民兵牺牲数量最多的县之一。虽然抗日战争胜利已 79 年了,但我相信碑将永在,他们的英灵也将永存。

我 6 岁随母亲离开太行,27 岁为看望奶爸奶妈回太行,67 岁即 2008 年 10 月和潞城出生的原总装备部李钢将军又一次回到太行。此行,首站是在潞城参加"八路军太行情报纪念馆"开馆仪式。在潞城以及到长治、黎城、壶关、平顺等地寻访革命遗址行程中,我们受到了非常热情的接待。此行,我感到太行革命遗址非常多,非常珍贵;感到无论干部还是普通群众,都遗传着抗战时期培育出的革命基因,都有着非常浓厚的红色情结;感到很多同志在自觉地、努力地挖掘和保护革命的历史遗存,成绩斐然,且这种感觉越来越深。这次得到这本《鲁艺石刻留太行》,再一次加深了这些印记。

我已经 80 多岁了,最近爱听一首在老同志中传唱的歌曲《永远不变的是忠诚》,选用其中两句"饮水思源存感恩,重整行装为复兴"作为结束语。

于安黎[1]

2024 年 7 月 1 日于北京

---

[1]于安黎(1942 年 7 月—),于一川长子,曾就读于哈尔滨军事工程学院,退休前为现役文职干部,高级工程师,长期从事航空装备研究,作为主要完成人获 20 多项国家及军队科技进步奖,享受国务院特殊津贴和副军职待遇。

战火中走来的鲁艺，抗战胜利前夕建起的潞城县民兵烈士纪念亭。

1945 年春，国际反法西斯战争胜利形势明朗，中共七大于 4 月 23 日在延安召开。消息传来，中共太行四地委、太行第四军分区与潞城县党政军机关主导，决定在驻地石梁村修建抗战胜利纪念建筑物——潞城县民兵烈士纪念亭（以下简称纪念亭），以庆祝中共七大胜利召开和迎接抗日战争胜利到来，以落实中共第一次新英雄主义运动的工作开展。

1945 年 5 月 14 日，潞城县人民武装工作委员会机关发出建立纪念亭的通知。太行四地委书记兼太行第四军分区政治委员于一川带头题词，潞城县党政军领导分别题词。

延安鲁迅艺术学院①鲁迅木刻工作团——晋东南鲁艺学员乘 1945 年 4 月 25 日"太行区第一届文教群英会"②推进"新文化运动"精神落实的东风，应约亲临潞城抗战根据地进行亭建和碑刻设计。纪念亭采用中苏建筑相结合风格，六边尖顶，上设六个齿轮，寓意工人阶级的领导地位；攒尖镰刀锤头，寓意工人阶级领导的以工农联盟为基础的政治理念。鲁艺学员设计场景、人物、花卉等反映抗战内容的画卷 28 幅，画卷长度达 20 余米。其中，著名的神头岭伏击战场景排序首位，烈士、英雄、劳模、工、农、

①1938 年 4 月 10 日，鲁迅艺术学院在延安成立。它是在毛泽东、周恩来等人的倡议下，党中央在延安为培养抗战文艺干部和文艺工作者而创立的第一所综合性文学艺术学校，简称"鲁艺"。毛泽东在学校成立大会上讲："要在民族解放的大时代去发展广大的艺术运动，在抗日民族统一战线方针的指导下，实现文学艺术在中国的使命和作用。"1942 年 5 月 2 日至 23 日，在延安文艺座谈会上，毛泽东风趣地说："我们有两支军队，一支是朱总司令的，一支是鲁总司令的。"这里所说的"鲁总司令"指的是鲁迅先生。即延安"鲁艺"为代表的革命文化大军。1945 年 11 月，"鲁艺"学校奉命迁往东北。

②第一届文教群英会是太行区模范文教工作者会议的简称。1945 年 4 月 5 日至 25 日在太行根据地河北省涉县索堡镇下渔村召开。到会代表 166 人，来宾、旁听者约 1000 人。会议总结了太行区近八年文教工作，制定了 1945 年计划。（山西档案馆资料）

兵、妇女、儿童等抗战英雄人物镌刻其间；歌颂、崇敬英雄的荷花、鸳鸯、梅、兰、竹、菊及祭奠烈士的寿桃、石榴、佛手瓜、牡丹花等中国传统文化写意，均刻石之上。鲁艺学员将太行抗战历史画卷镌刻金石上的同时，也把自己的艺术才华和精神情怀写进了历史，留在了太行。

潞城本地的匠石名家积极配合，夜以继日，一字一画，倾心描绘；一锤一钻，精心雕刻，将 145 名烈士简介和上千字的碑文，临摹碑上。

纪念亭建设历时三月余，如期建成。落成之际，太行军分区三十二团驻地战士、潞城独立营战士和全县民兵，在驻地进行为期一周的练兵比武，厉兵秣马。参与纪念亭落成大会的相关领导和抗战英雄代表及村民数千人，齐聚纪念亭前。亭的上方，"浩气壮山河"题词耀眼夺目。潞城武委会参谋李同茂主持大会，主任卜虹云发表讲话，中共太行四地委、第四军分区首长和潞城党政军领导为比武获胜单位和个人颁发奖旗，赠予枪支，同时宣布八路军潞城县独立营扩升为八路军潞城县独立团①，独立团新入列战士达 982 名。晚上，全县军民在驻地举行提灯会、游行，以此来庆祝纪念亭的建成，告慰烈士英灵、激励征战将士，犹如一场特殊的战前动员会。

翌日，这里的军民摩拳擦掌，出现在了奔赴解放潞城县城和解放长治的征途上。由此，历史上著名的"上党战役"正式拉开了序幕。

特殊的日子，特殊的地点，特殊的纪念亭！

2024 年 8 月 19 日

---

① 1945 年 8 月 26 日，八路军潞城独立团宣布成立，民称"胜利军"，编号八路军太行第四军分区五十二团（上党战役结束改称为晋冀鲁豫军区六纵十七旅五十一团），归属第四军分区司令员石志本、政治委员于一川所部。首任团长赖林芝、政治委员宋焕文、参谋长赵天云。

潞城县民兵烈士亭概况

潞城县民兵烈士亭，为迎接中国抗日战争胜利而建。始于 1945 年 4 月，建成当年 8 月日本侵略者投降。

该亭建在山西省潞城县东北 40 里的石梁村南头，是缘于抗战时期这里是太行第四军分区暨三十二团驻地旧址、《新华日报》分销处旧址、太（行）南交通局驻地旧址，以及潞城县党政军团机关根据地旧址所致。

该亭为延安鲁迅艺术学院 [①] 专家布局和作画，处处体现了"人民的力量""人民至上""中苏友好"的设计理念，以及中国传统文化、美学的魅力，成为毛泽东《在延安文艺座谈会上的讲话》精神在潞城抗战根据地的时代见证。

该亭坐东向西，面向抗战党政军机关，直线距离约 200 米。

该亭占地面积近 60 平方米，是在村古关公庙基础上改建起来的，系砖石结构。亭的下面是车马通行的拱券，贯通村东西，券高约 3 米。券上方两侧镶嵌有贞珉，东侧上书"浩气壮山河"，西侧上书"烈士亭"。亭的东西两侧，有数个台阶可登临亭平台上。平台四周有 0.8 米高的护栏。在平台中间地带，建有六角形主亭，亭高约 7 米。六角砖柱各呈三角形，以承托烈士亭顶端。柱与柱之间上端以券形连接，再以倒三角形凸起，由此结构建成亭室。亭室通透，内及顶部呈圆状。六角各柱之间，相距 1.03 米，柱高 3.5 米，共有六门。每柱顶部有圆形齿轮铁艺装饰，计有六个齿轮。齿轮内有十字镶嵌其内，寓意工人阶级领导为主体。亭的顶端，安装镰刀、锤头铁艺装饰，直耸天穹，寓意工农联盟为基础的政权建设，又具避雷功能。亭总高约 16 米，基础部分为中国式券洞，上部为仿欧式建筑风格，整体呈中欧建筑合璧风格，与延安鲁艺学校的建筑旧址、潞城县城建设的人民大礼堂建筑格局，有相似之处。

亭上纪念碑正面刻录主题词和领导题词，背面刻录碑文，两侧刻录 145 名烈士概况。同时，碑体上下左右，由 28 幅刻画及近 20 米的画带装点。

正面主题词是："抗战八年来，潞城县民兵烈士纪念碑"；两侧分别有四位时任党政军领导题词，具体上侧是：太行四地委书记、太行第四军分区政治委员于一川题词："为祖国

[①] 1937 年 11 月 8 日，八路军总部及中共中央北方局机关先后入驻潞城境内的故县、北村、南村、中村，时间近一年之久。鲁迅艺术学院木刻工作团晋东南学校在北村成立。首任院长为李伯钊，系中共中央北方局书记杨尚昆爱人。办校地点在北村龙华庵。第一期学员招生两个班，计 71 名学员，其中有本地学员约 20 名。1939 年 2 月 7 日春节前，彭德怀副司令在潞城北村专门为木刻艺术学员年画作出指示。这为"鲁艺"为潞城县抗战烈士亭设计和作画提供了先决条件。

而牺牲的民兵同志们永垂不朽"；太（行）南交通局局长兼潞城县抗日民主政府县长、独立营营长张予如题词："你们是中国人民的优秀男儿，你们为民族争取独立自由而壮烈牺牲，你们英勇坚决的精神，为我们永远尊敬着！"；下侧是：太行第四军分区敌工站站长、中共潞城县委书记、独立营政治委员陈振华题词："英雄史迹，永垂不朽"；潞城县武装工作委员会主任卜虹云题词："为人民流尽鲜血的民兵烈士万古流芳"。纪念碑的左下侧署名是："潞城县武委会暨全体民兵立"。

　　潞城民兵烈士纪念碑整体美术设计风格特别，碑身设计了全套的饰纹，凸显中国传统文化特色的唐代风格，民族最美的敬意花卉和吉祥动物大部刻录其上，尤显对烈士无限敬意的表达。牡丹、荷花、梅、兰、竹、菊；鸳鸯、松鼠、鹿、鹤等，一览无余。按类别分，可分为场景篇、英雄篇、敬颂篇、敬祭篇、希冀篇。场景篇中，"神头岭大战打死鬼子兵"最为突出；英雄篇中，工、农、兵、妇女、儿童、开荒、种地、收粪、打柴、助工等，名列其上；敬颂篇中，梅、兰、竹、菊，一应俱全；敬祭篇中，寿桃、石榴、佛手瓜、牡丹，件件意深；希冀篇中，荷花与鸳鸯、鹿与鹤、小松鼠与葡萄、白菜与南瓜等，充满期盼。

烈士亭现状

　　亭内烈士碑由碑帽、碑体、碑基组成，总高度约 3.3 米，给人们以气势恢宏、厚重端庄之感。其中：烈士碑上端整体高度 0.85 米。碑帽为四檐挑角，正面宽 1.18 米，侧面宽 1.14 米，高 0.3 米。碑帽顶建有两个石制鸱吻[①]，也称两嘴吞脊兽，栩栩如生。烈士碑基高度为 0.9 米，分两级构筑，稳固坚实。其中第一级，正面宽 0.98 米，侧面宽 0.96 米，近似正方形；第二层略高地面 0.2 米，长宽各 1.3 米。

　　1991 年 10 月，潞城县人民政府将烈士亭列为"潞城县重点烈士纪念建筑物保护单位"。

　　2000 年春，烈士亭由于地基淤积，由辛安泉镇人民政府组织实施，改移石梁村外的山头上。原亭貌被拆毁，改为凉亭状，烈士碑二级碑基座抛失。

　　2013 年 10 月，辛安泉镇人民政府和石梁村委组织维护，将亭碑进行涂漆和描刻，珍贵刻画再次磨损。

---

　　①鸱吻，称为龙王次子。性情"居高好望"，有喷水防火及镇妖邪之说。

镶嵌石刻"烈士亭"（面向西）　　长 0.96m　宽 0.5m　厚 0.1m

镶嵌石刻"浩气壮山河"（面向东）　　长 0.98m　宽 0.52m　厚 0.1m

注：张予如（1898.2.19—1983.2.11），山西垣曲华峰乡西型马村人。1940 年 9 月至 1941 年 5 月，任中共潞城县委秘书；1941 年 6 月至 1944 年 9 月，太（行）南交通局局长；1944 年 10 月至 1946 年 2 月任太（行）南交通局局长兼潞城县抗日民主政府县长。后任太行交通邮政局局长至新中国成立之前。离休前任山西邮电局党委副书记、副局长。

潞城县民兵烈士亭正面（面向西）

潞城县民兵烈士亭背面（面向东）

《祭扫歌》①

（作者系石梁村籍，在潞城县民兵烈士亭旁长大。每年清明节，在学校组织下，胸前系戴红领巾，随同学们一起来祭扫烈士亭，亭前列队，播放《祭扫歌》。故，老年了对作者袁鹰低沉悲恸的歌曲有着深切感悟。）

1=♭B　2/4

词曲整理　牛振峰　路安根　张树平

低沉　悲恸的

3 5 | 6 - | 61 75 6 - | 6 1 | 2 - | 32 75 6 -

3 5 | 6 - | 53 17 6 - | 1.6 | 12 3 2 - | 2 0

山　鸟啼，②　红花开；　阳　光　照　大路，
晨　风吹，　松枝摆；　仰　望《烈　士　亭》，

33 21 | 76 53 6 - | 6 0 | 6 3 | 67 6 | 1 6 | 12 2

少先　队员扫　亭来。　　亭　前想烈士，心　潮　正澎湃；
烈士　浩气③依　然在。　革　命传家宝，一　代　传一代；

3 3 3 | 232 1 | 16 12 | 3 - 3 - | 65 6 | 15 6 | 21 2

意　志如长　虹，气节　像松柏。　头可断，身可碎，头可断，
今　日红领　巾，正是　第二代。　革命火，传下来，革命火，

31 2 | 33 | 76 5 | 6 - | 6 0: | 6 - | 6 0 65 6

身可　碎，钢铁　红心色　不　改！
传下　来，朝阳　花儿开　不　　　败。　革命火，

15 6 | 21 2 | 31 2 | 33 21 | 7 6 5 | - 6 | - 6 -

传下　来，革命　火，传下　来，朝阳　花儿开　不　　　败。

---

①袁鹰（1924.10.28—？），原名田钟洛，当代著名作家、儿童文学家。曾任《解放日报》记者、编辑，《人民日报》文艺部编辑、副主任、主任，中国作家协会第三、四届理事等职。创作有《祭扫歌》歌曲。
②见宋代陆游《山行》："山鸟啼孤戍，烟芜入废亭。堤成陂水白，雨细稻秧青。草市（乡村集市或较繁华的乡村。）少行旅，丛祠（乡村林间的神祠。）多乞灵。最怜投宿处，微火暮晶荧。"
③潞城民兵烈士亭上方，镌刻有"浩气壮山河"题词。

纪念碑正面（面向西）

注：原碑基底座为两级安装，高度 0.9 米，后第二级基座被抛弃。

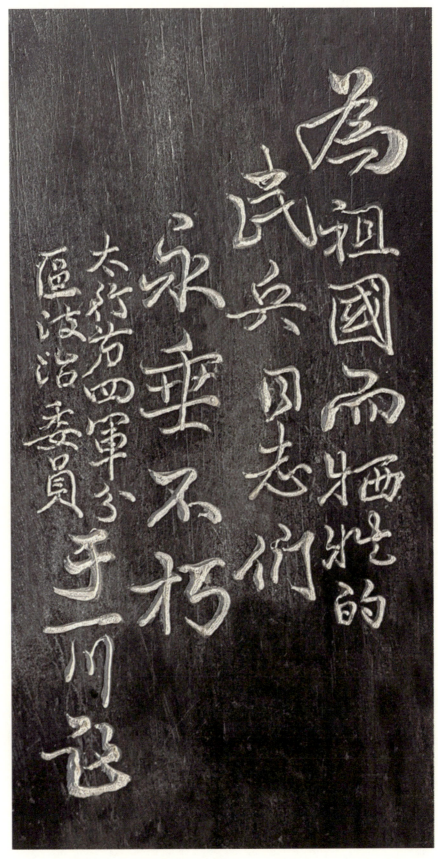

为祖国而牺牲的
民兵同志们
永垂不朽
太行方四军分区
区波沿委员于一川题

纪念碑右上方于一川题词

于一川（1917.1.18—1990.1.19），原名安积善，河北省沧州市南皮县潞灌乡前罗家寨村人。1933年入济南第一师范读书，1934年加入中国共产主义青年团，1936年考入北平师范大学国文系，同年9月加入中国共产党。1939年初经党组织批准由山东抗日前线转入太行山根据地，进入中共晋冀豫区党委党校学习，后任教员。1940年9月至1942年9月任中共太谷县、黎城县县委书记，1942年10月任中共太行四地委（亦称太南地委，辖长治、潞城、壶关、黎城、平顺等县）宣传部部长、组织部部长，1943年10月任中共太行四地委书记兼太行军区第四军分区政治委员（其间于1945年组织修建"潞城县民兵烈士纪念亭"并题写纪念碑文）。

1947年7月随刘邓大军挺进大别山，任皖西区党委副书记。1949年后历任中共河南省信阳市委书记，中共云南省委第二书记、省长，昆明军区第一副政委兼云南军区政委。"文化大革命"后历任中共郑州市委第一书记兼革命委员会主任、中共河南省委书记、河南省顾问委员会主任。

1990年1月19日于郑州病逝，享年73岁。

注：于安黎著有《于一川革命情怀——胝足万山》一书，由河南省人民出版社出版。

你们是中国人民的优秀男儿，你们为民族争取独立自由而壮烈牺牲，你们英勇坚决的精神，为我们永远尊敬着！

潞城县长张予如题

纪念碑右下方张予如题词

张予如（1898.2.19—1983.2.11），原名张英才，字育吾，山西垣曲华峰乡西型马村人。1917年毕业于垣曲县师范讲习科。1939年加入中国共产党，任垣曲县农会主席。

1940年9月至1941年5月任中共潞城县委秘书；1941年6月至1944年9月任太南交通局、太行交通四分局局长；1944年10月至1946年2月，任太行第四交通分局局长兼潞城县抗日民主政府县长、潞城县独立营营长。

1945年8月，组织修建潞城县民兵烈士纪念亭，并为纪念亭题词："浩气壮山河"，为碑文题词："你们是中国人民的优秀男儿，你们为民族争取独立自由而壮烈牺牲，你们英勇坚决的精神，为我们永远尊敬着！"

潞城解放后，张予如改任太行邮政管理局局长，创办《太行邮报》直至新中国成立之前。新中国成立后，历任国家邮电部邮政总局供应处处长、邮电部供应局办公室主任，1956年任山西省邮电管理局党委副书记、副局长。1983年离休。

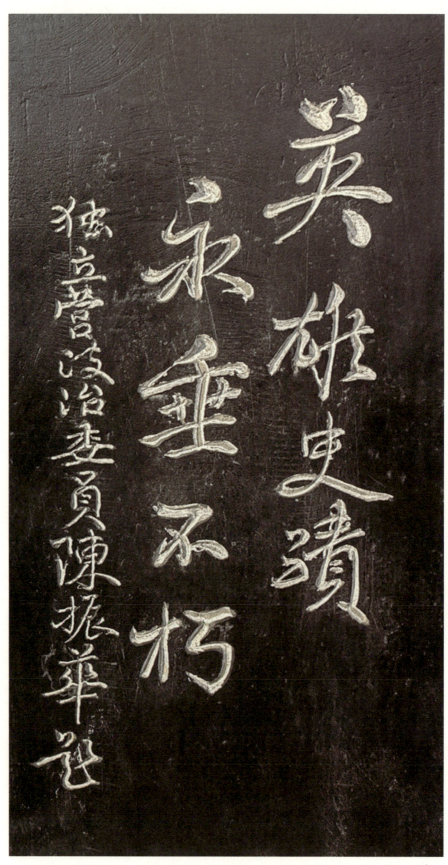

纪念碑左上方陈振华题词

陈振华（1914—1968），又名陈何清，山西沁县郭村镇端村人。爱人李平（沁县人），父陈金亮。1937年参加牺盟会，次年加入中国共产党。

1943年4月至1945年1月任太行四地委敌工部部长；1945年2月至1948年6月任中共潞城县委书记兼潞城县人民武装自卫队——独立营政委。

1945年8月，为潞城县民兵烈士纪念亭题词"英雄史绩，永垂不朽"。

后任长治县委书记，中共长治地委宣传部部长、副书记、书记（1949.10—1952.3），中共长治市委第一任书记（兼，1952.3—1953.1），省供销合作社副主任，1958年任山西省手工业管理局局长。后任省经委办公室副主任，轻工业处处长，中共中央华北局经委燃料局副局长，国家物资管理总局化工局副局长。

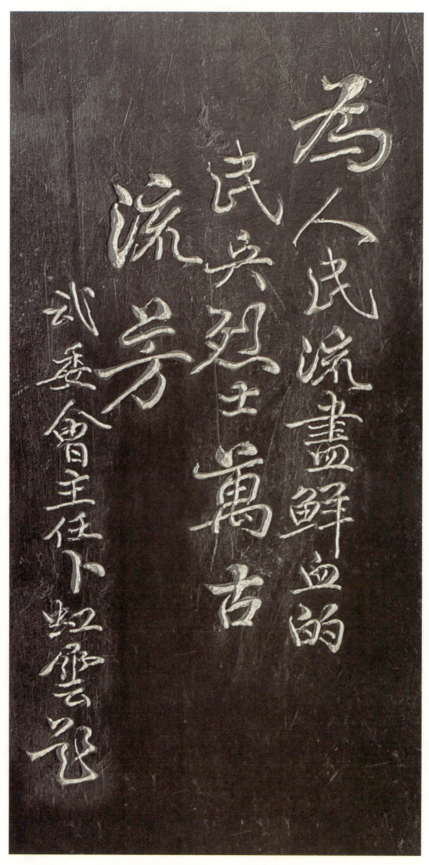

纪念碑左下方卜虹云题词

卜虹云（1920.7.12—2000.2.9），曾用名卜鸿镛。山西昔阳县乐平镇河东村人。曾在昔阳县立第一高小读书。1935年考入省立畜牧职业学校。1938年加入中国共产党。曾任昔东青救会组织部部长，冀西青救会组织部部长。

1944年3月至1947年1月任潞城县武装工作委员会主任。他亲自组织建设潞城县民兵烈士纪念亭，并题词："为人民流尽鲜血的民兵烈士万古流芳。"

后任长治市武委会主任，长治军分区武委会主任，青年团太行区委员会书记。新中国成立后，历任青年团山西省委员会第二副书记、共青团山西省第一届委员会书记兼太原市委书记；太原钢铁厂党委第二书记，省总工会秘书长、副主席，中共晋中地委副书记，太原钢铁公司党委书记等。1978年3月任中共山西省委常委、秘书长。1979年11月至1983年3月任晋东南地委书记，中共山西省第三届、四届委员会常务委员。1982年当选为中共十二大代表，1984年2月从省委常委岗位上离休。

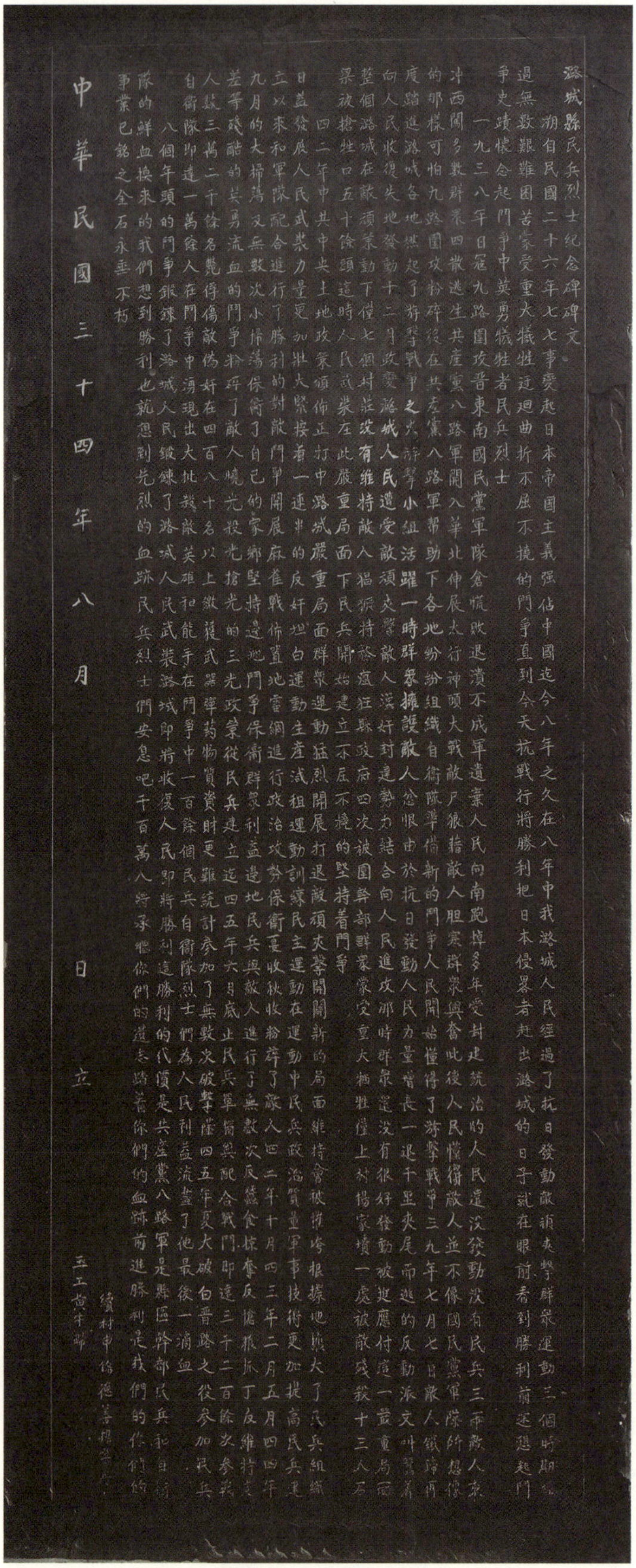

潞城縣民兵烈士紀念碑碑文

溯自民國二十六年七七事變起日本帝國主義強佔中國迄今八年之久在八年中我潞城人民經過了抗日發動敵頑夾擊群眾運動三個時期經過無數艱難困苦蒙受重大犧牲迂迴曲折不屈不撓的鬥爭直到今天抗戰行將勝利把日本侵略者趕出潞城的日子就在眼前看到勝利前途懸起鬥爭史蹟懷念起鬥爭中英勇犧牲者民兵烈士

一九三八年日寇九路圍攻晉東南國民黨軍隊倉慌敗退潰不成軍遺棄人民向南跑掉多年受封建統治的人民還沒發動沒有民兵三千敵人東汴西闖多數群眾四散逃生共產黨八路軍開入華北伸展太行神頭大戰敵尸狼藉敵人胆寒群眾興奮此後人民懂得敵人並不像國民黨軍隊所想像的那樣可怕九路圍攻粉碎後在共產黨八路軍幫助下各地紛紛組織自衛隊準備新的鬥爭人民開始懂得了游擊戰爭三九年七月七日敵人鐵蹄再度踏進潞城各地燃起了游擊戰爭之火游擊小組活躍一時群眾擁護敵人忿恨由於抗日發動人民力量增長一退千里夾尾而逃的反動派文叫囂着向人民收復失地發動十二月政變潞城人民遭受敵頑夾擊敵人漢奸封建勢力結合向人民進攻那時群眾還沒有很好發動被迫應付造一嚴重局面整個潞城在敵頑蒙動下僅七個村莊沒有維持敵入猖獗特務瘋狂縣政府四次被圍幹部群眾受重大犧牲僅上村楊家墳一處被敵殘殺十三人石梁被搶牲口五十餘頭這時人民武裝在此嚴重局面下民兵開始建立不屈不撓的堅持着鬥爭

四二年中共中央土地政策頒佈正打中潞城嚴重局面群眾運動猛烈開展打退敵頑夾擊開闢新的局面維持會被摧垮根據地擴大了民兵組織日益發展人民武裝力量更加壯大緊接着一連串的反奸坦白運動生產減租運動訓練民主運動在運動中民兵政治質量軍事技術更加提高民兵建立以來和軍隊配合進行了勝利的對敵鬥爭開展麻雀戰佈置地雷網進行政治攻勢保衛夏收秋收粉碎了敵人四二年十月四三年二月五月四四年九月的大掃蕩又無數次小掃蕩保衛了自己的家鄉堅持邊地鬥爭保衛群眾利益邊地民兵與敵人進行了無數次反蠶食掠奪反搶糧抓丁反維持支差等殘酷的英勇流血的鬥爭粉碎了敵人燒光殺光搶光的三光政策從民兵建立迄四五年六月底止民兵單獨與配合戰鬥即達三千二百餘次參戰人數三萬二千餘名斃俘傷敵偽奸在四百八十名以上繳獲武器彈藥物資資財更難統計參加了無數次破擊除四五年夏大破白晉路之役參加民兵自衛隊即達一萬餘人在鬥爭中湧現出大批殺敵英雄和能手在鬥爭中一百餘個民兵自衛隊烈士們為人民利益流盡了他最後一滴血

八個年頭的鬥爭鍛鍊了潞城人民鍛鍊了潞城人民武裝潞城即將收復人民即將勝利這勝利的代價是共產黨八路軍是縣區幹部民兵和自衛隊的鮮血換來的我們想到勝利也就想到先烈的血跡民兵烈士們安息吧千百萬人將承繼你們的遺志踏着你們的血跡前進勝利是我們的你們的事業已銘之金石永垂不朽

中華民國三十四年八月　日立

纪念碑背面（面向东）

纪念碑左侧面（面向南）

纪念碑右侧面（面向北）

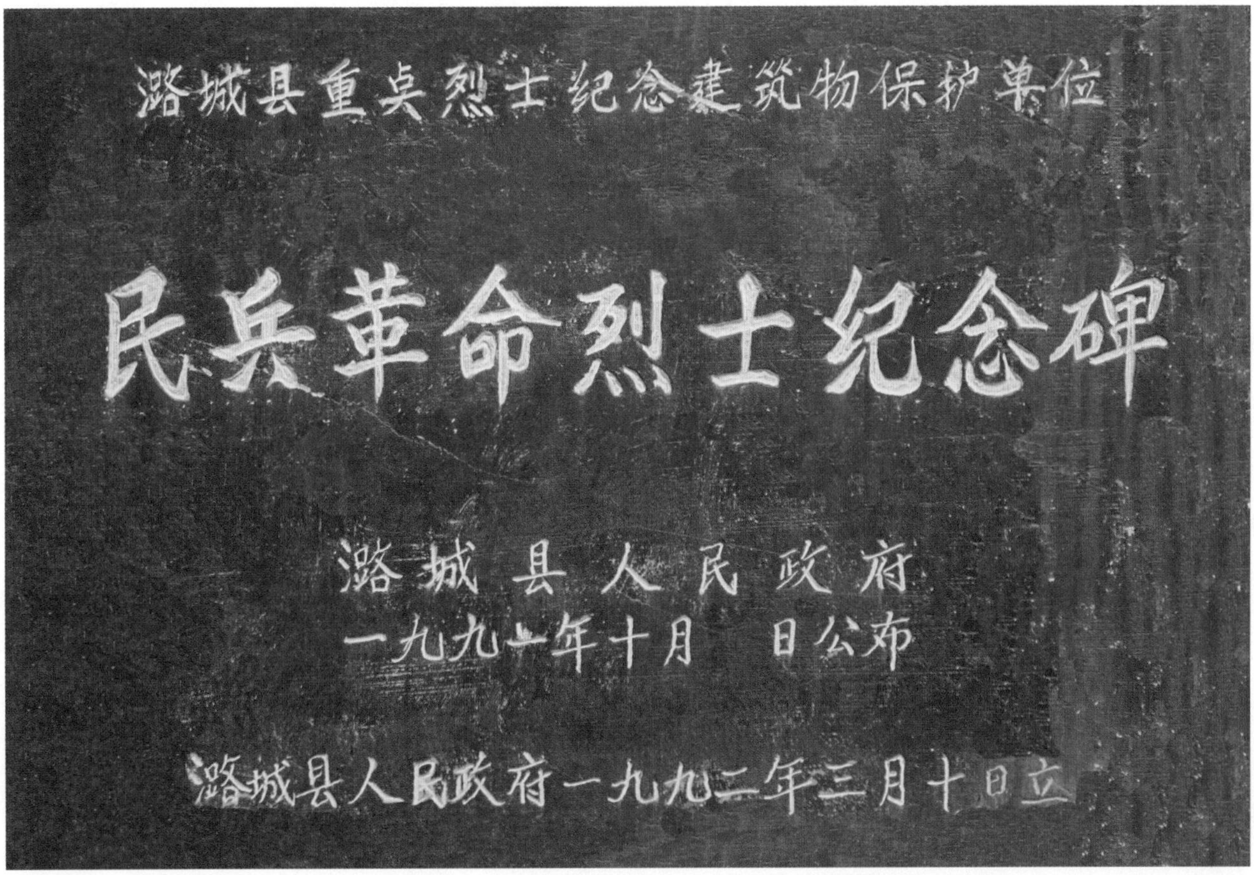

潞城县重点烈士纪念建筑物保护单位

民兵革命烈士纪念碑

潞城县人民政府
一九九一年十月　日公布

潞城县人民政府一九九二年三月十日立

场 景 篇

延安鲁艺比较清晰的文艺特征：一是关注现实，表达社会生活与时代精神；二是用现实主义创作手法和叙事方式，呈现"艺术民族化"倾向，木刻场景画成为延安鲁艺最主要的艺术表现形式之一。

1945 年 5 月，抗日战争即将胜利，"鲁艺"学校的老师为潞城县民兵烈士纪念亭（碑）提供下列刻画

神头岭大战打死鬼子兵

　　1938 年 3 月 16 日，八路军一二九师三八六旅在山西省长治市潞城县至河北省邯郸市涉县的邯长公路上进行的伏击战，重点战场在潞城县城至浊漳河潞河村之间的神头岭。此役，激战两个多小时，我部以伤亡 240 人的代价，歼敌 1400 余人，俘敌 80 余人，缴获各类枪支 300 余件，毙伤和俘获骡马 600 余件。此战，打击了

男女分工互助组开会

　　图中，六位男女惟妙惟肖的形态，反映了抗战时期，敌后生产、生活与抗战保障的真实写照，折射出"互助组"的农村生产组织体系，在抗战时期的太行根据地已经出现。

神头岭大战打死鬼子兵

长 0.85m 宽 0.18m

日军入侵晋东南的嚣张气焰，策应了兄弟部队在晋西北的作战行动。史称"神头岭伏击战"。图中，16 名八路军战士刺敌投弹，形态各异；鬼子人仰马翻、丢盔弃甲、汽车抛锚、尸体狼藉。时鲁艺随军作家阮章竞在战地采访写下了《神头岭》一书。

男女分工互助组开会

长 0.65m 宽 0.06m

劳动妇女左右开工（弓）

图中，太行抗日根据地开展妇女纺织运动，自力更生，丰衣足食，克服部队和群众衣物困难。1944年秋，太行区第一届群英大会召开，妇女纺织劳动模范名列其中。石梁南马村沃水仙、马娥则就是被评选出来的"太行纺织英雄"代表。

劳动妇女左右开工（弓）

长 0.65m　宽 0.07m

马娥则（1909.6.6—1994.9.21），山西潞城石梁村人，1944 年加入中国共产党，村妇救会主席。

1945 年 10 月 29 日，她出席了全县第二届群英大会，被评为头等纺织英雄。1946 年 12 月 2 日，她出席了太行区第二届群英大会，被授予纺织英雄称号。

"功垂史册"与万字符图案

万字符最初是太阳与火的象征，后被作为吉祥的标志。万字符的读音，与女皇武则天相关。在佛教中，代表佛祖的心印和"吉祥万福"。万字符最早见于中国《易经》，区别于德国纳粹代表符号。图中，万字符中间烘托"功垂史册"，可见寓意深刻。

功 垂 史 册

长 0.85m　宽 0.18m

英雄篇

　　1945年4月23日，在中共"七大"的开幕词中，毛泽东同志在总结了抗战八年的历史经验和抗日解放区建设经验时，提出："人民，只有人民，才是创造世界历史的动力。"人民创造了历史，人民是英雄！此亭建立在中共"七大"前后，十幅以人民为英雄的主题刻画，便在鲁艺刻画专家们的手里刻印亭中。

杀敌英雄

此民兵右手高举手榴弹，左手提着驳壳枪，腰系皮带，肩挎子弹带，腿扎绑，脚踏乱石，英俊魁梧。此成为亭上歌颂排序第一位英雄。抗战时期，潞城涌现出一批民兵杀敌英雄，李岐鸣是其中之一。

李岐鸣（1921.2.2—1980.6.20），乳名王五孩。山西潞城县东邑村李家村人。

1944年10月24日，出席了潞城县在石梁村召开的第一届群英会，当选为"全县民兵杀敌英雄"。11月21日又出席了在黎城县南委泉村召开的太行区暨晋冀鲁豫边区第一届群英会，被授予"太行区杀敌英雄"称号，受到了邓小平、李雪峰、李达、戎伍胜等太行军区领导人的嘉奖。

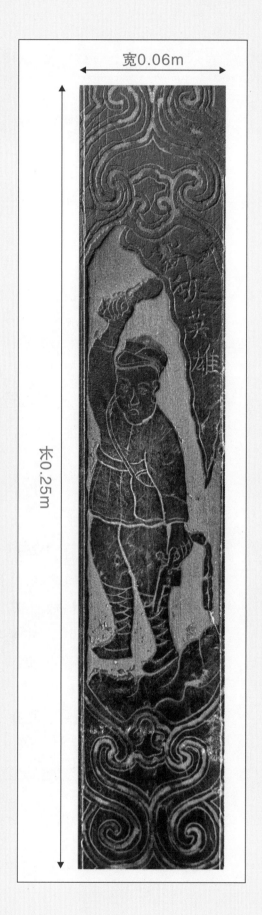

宽0.06m

长0.25m

你参战我与你种地

此农民头顶草帽，脚穿布鞋，左肩扛锄头，右手握拳头，年长者的胡须，支持、配合抗战的态度，跃然石上，成为歌颂排序第二位英雄。

刘聚宝（1885—1954），山西潞城县南流村人。他善于钻研农业技术，在培育农作物良种和改造农机具等方面有成效，为潞城抗日根据地的粮食、蔬菜生产发挥了重要作用。1944 年 11 月 20 日至 12 月 7 日，被评为太行根据地第一届劳动英雄。1950 年 9 月 25 日至 10 月 6日，他出席了北京首届全国战斗英雄劳动模范代表会议，在丰泽园与李顺达劳模同时受到毛泽东主席亲自接见。

宽0.06m

长0.25m

劳动妇女亦来帮

此妇女，上为剪发头，下为大脚板，右肩扛镢头，左手提竹篮，腰间皮带扎起来，胳膊袖子撸起来，精神抖擞地投入抗战生产劳动中来。根据地彻底改变了山村千年来妇女梳长辫、缠小脚、不出门的习俗，妇女得到彻底解放。妇女成为歌颂排序的第三位英雄。

沃水仙（1916—1969），山西省潞城县石梁乡南马村人。

1944年10月27日，沃水仙被评为太行纺织英雄。出席了太行区在黎城南委泉召开的第一届群英大会。

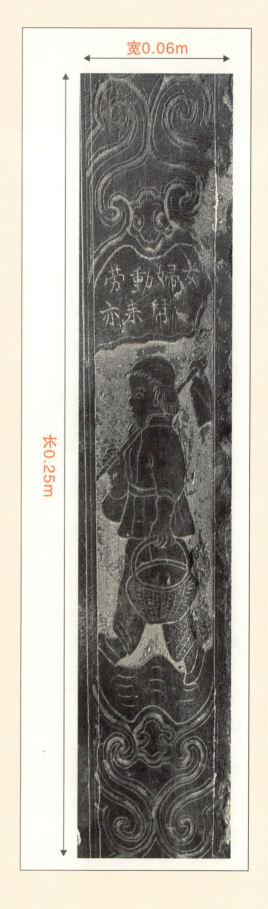

英雄民兵抓伪军

此民兵右手持刀，肩背长枪，腰带手榴弹，腿系绑带，惟妙惟肖。抗战时期，潞城情报站李庚鑫深入敌据点抓伪军搞情报，老幼皆传，成为英雄。

李庚鑫（1907.12.31—1992.2.1），山西潞城县台东村人。1938年6月，在山西壶关、平顺一带执行反特锄奸、摧毁维持会和为决死队筹集军需物资任务。

1939年"十二月事变"后，奉调八路军从事情报交通工作，曾任八路军一二九师独立支队侦察员，先在太行军区第四军分区司令部二股工作，然后到八路军太南办事处工作。曾因在日军据点附近组织完成了活捉日本兵的任务而受到石志本司令员的表扬和奖励。

新中国成立后，被授予独立自由奖章和解放勋章，1988年被授予独立功勋奖章。

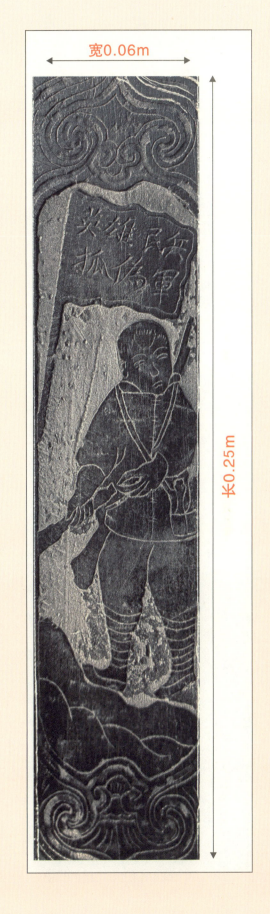

宽0.06m

长0.25m

宽 0.06m

长 0.25m

工人参战打敌兵

　　此工人英雄，头戴工作帽，左肩扛镐头，右手提长枪，挽袖绑腿，勇往直前。工人是英雄。

　　1938 年 8 月 8 日，八路军总部和中共中央北方局进驻潞城抗战四区黄碾故县村。11 日，八路军总司令部直属队政治处主任康克清和政治处副主任李文楷到潞城县四区的黄沙岭石圪节煤矿，搞工人运动，组织大家起来抗战，建起了民兵队伍。之后，又多次深入该矿开展工作，帮助组建了石圪节煤矿党支部。这成为太行抗战根据地最早的工人力量。

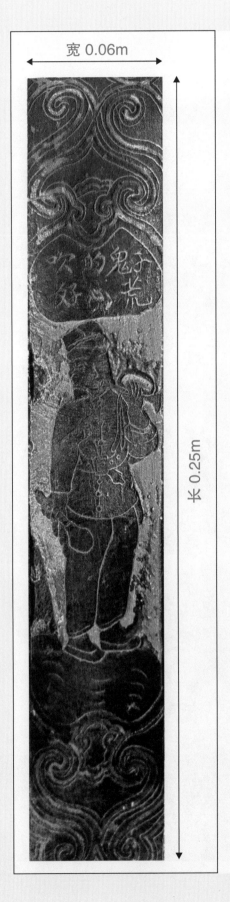

宽 0.06m

长 0.25m

吹的鬼子好心荒（慌）

此战士口吹铜号，头戴军帽，腰插手榴弹，右手同时抓铜号。司号员也是英雄。1938 年 3 月 16 日，神头岭伏击战司号员叫陈其吉（1923—2005.9.19），四川省巴中县人，其爱人常华就是建立纪念亭地点的石梁村人。

陈其吉

在八路军一二九师三八六旅进行神头岭伏击战时，陈其吉担任陈赓旅长的司号员，吹响了向日寇冲锋的号声。

摄于 1938 年

照片提供：石梁村常永刚

抗战时期太行根据地
出版物青年儿童

儿童开荒

此武装起来的抗日根
据地儿童，两位步调一致，
肩扛锄头，手拔荒草，积极
投入开荒种地、生产自救运
动中来。儿童成为英雄。

1939 年 2 月，中共中
央发出了"自己动手，自力
更生，艰苦奋斗，克服困
难"的伟大号召，兴起了轰
轰烈烈的大生产运动。人
们称作"南泥湾精神"。潞
城县抗日根据地的儿童们
也动员起来了。

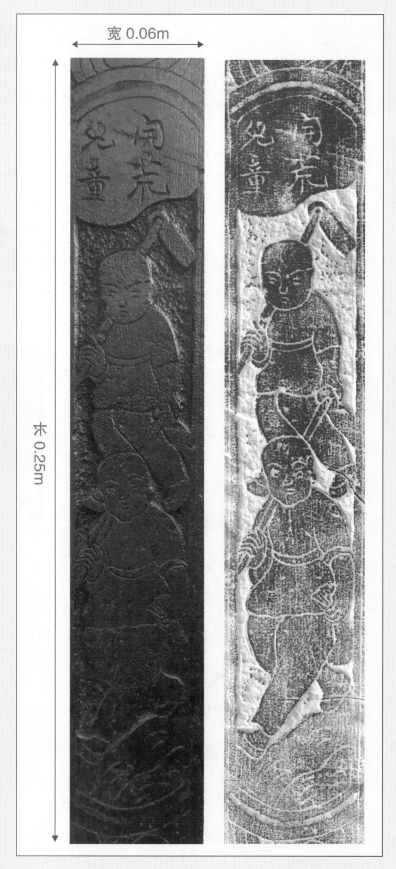

宽 0.06m

长 0.25m

我要打柴

此老者头系毛巾，肩挑柴禾，手握砍柴刀，步履坚实。抗日根据地兵民聚集，生活取火也是一个大难题，需要专人专业来解决。打柴者成为英雄。

宽 0.06m

长 0.25m

宽 0.06m

长 0.25m

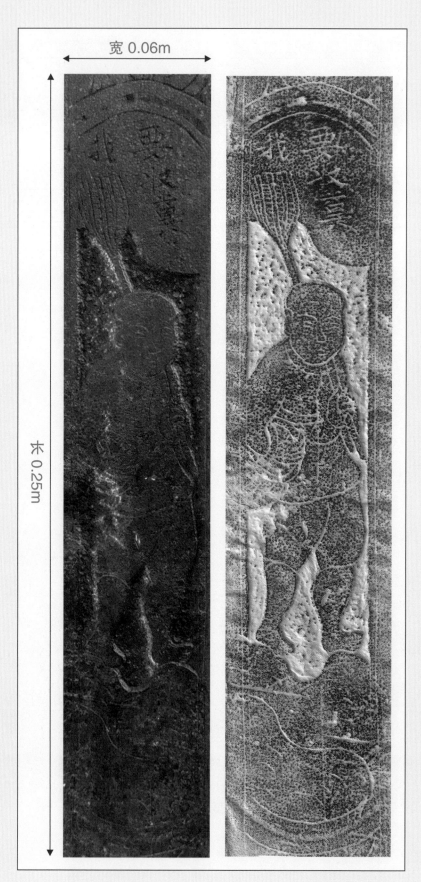

我要收粪

　　此农民肩扛（竹编）粪权，为了根据地兵民不饿肚，土地多打粮，日积月累收集农家肥，成为人民心目中崇敬的英雄。收粪者成为英雄。

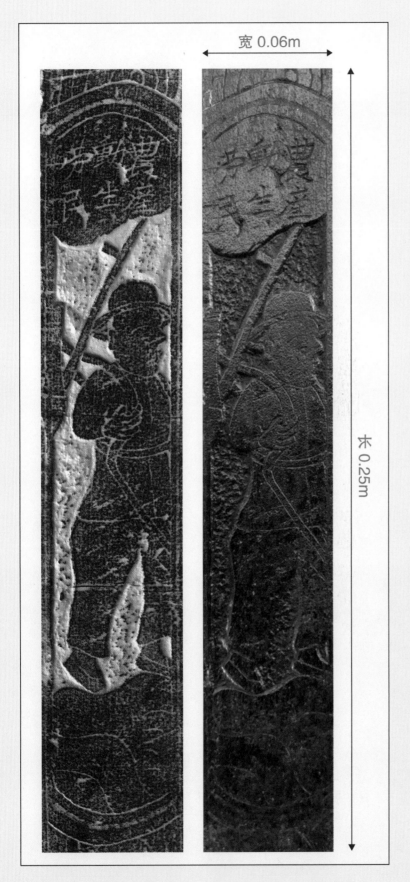

宽 0.06m

木 0.25m

劳动农民生产

此农民肩扛耕地犁具，头戴草帽，腰系肩带，一副农者的形象。打破敌人封锁，自己动手，丰衣足食，配合抗战，种田农民成英雄。

1939 年，在太行根据地潞城北村，鲁艺人除了抗战木刻工作，还上山开荒种地、纺线、种菜、养猪、磨豆腐等，争取生产生活自救。此刻画中也折射出他们的身影。

敬颂篇

梅、兰、竹、菊这四种植物被人们称为"花中四君子"。寓意具有高尚品质的人，象征正直、纯洁、坚贞、气节的品质；象征傲、幽、坚、淡的品质，是国画创作中惯用的素材。荷花、鸳鸯寓意亦然。

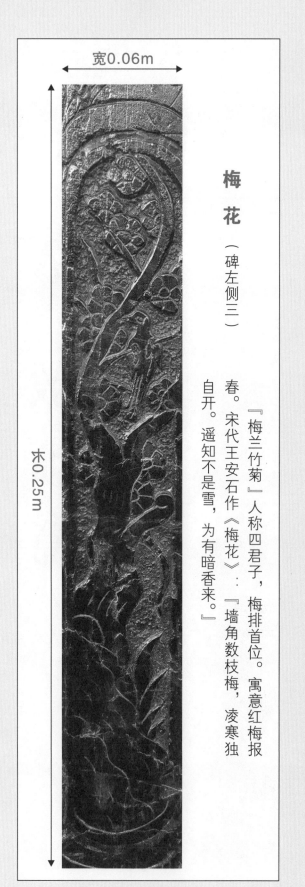

宽0.06m

长0.25m

梅花（碑左侧三）

『梅兰竹菊』人称四君子，梅排首位。寓意红梅报春。宋代王安石作《梅花》：『墙角数枝梅，凌寒独自开。遥知不是雪，为有暗香来。』

宽0.06m

长0.25m

兰花（碑左侧四）

寓意坚贞不渝、兄弟手足。元代倪瓒作《题郑所南兰》：『秋风兰蕙化为茅，南国凄凉气已消。只有所南心不改，泪泉和墨写离骚。』

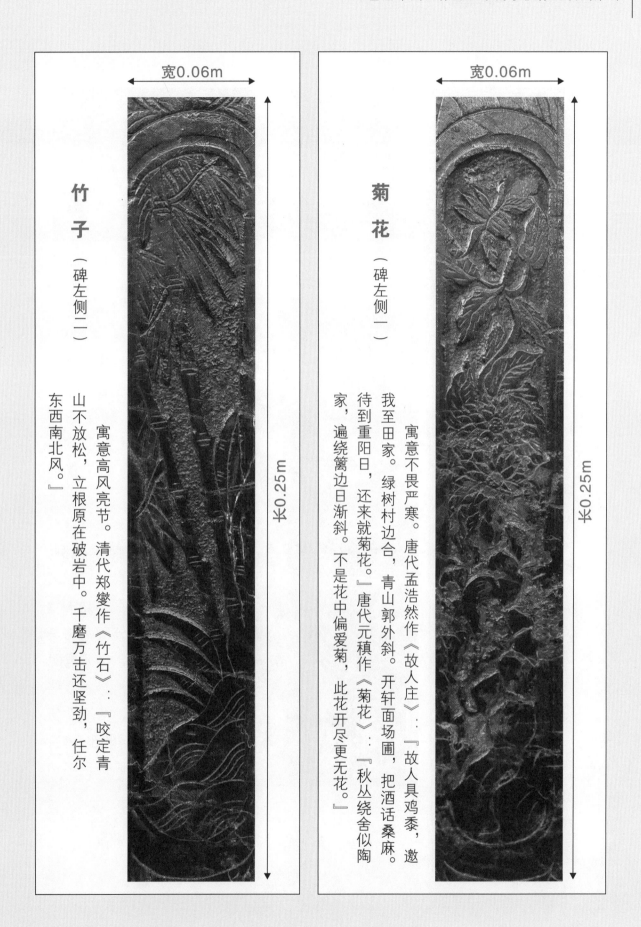

宽0.06m

长0.25m

竹子（碑左侧二）

寓意高风亮节。清代郑燮作《竹石》：『咬定青山不放松，立根原在破岩中。千磨万击还坚劲，任尔东西南北风。』

宽0.06m

长0.25m

菊花（碑左侧一）

寓意不畏严寒。唐代孟浩然作《故人庄》：『故人具鸡黍，邀我至田家。绿树村边合，青山郭外斜。开轩面场圃，把酒话桑麻。待到重阳日，还来就菊花。』唐代元稹作《菊花》：『秋丛绕舍似陶家，遍绕篱边日渐斜。不是花中偏爱菊，此花开尽更无花。』

荷花与鸳鸯

寓意纯洁的爱、百年好合。宋代何应龙作《采莲曲》:"采莲时节懒匀妆,日到波心拨棹忙。莫向荷花深处去,荷花深处有鸳鸯。"

鸳鸯又寓意战阵名:兵马两翼分列,相互联络拴绊。明戚继光《练兵实纪·练营阵》:"外围兵将马退入队后,仍照鸳鸯阵,二马一列,联络拴绊如式,务要队伍分明,兵俱趋出马前,立成鸳鸯阵势,鸣锣坐定。"

纪念碑左上角莲叶、莲花、莲籽及如意纹刻画

宽 0.06m

宽 0.06m

长 0.25m

如意纹，中国传统寓意吉祥图案的一种。按如意形作成的如意纹样，借喻"称心""如意""平安如意""吉庆如意""富如意"等吉祥图案。

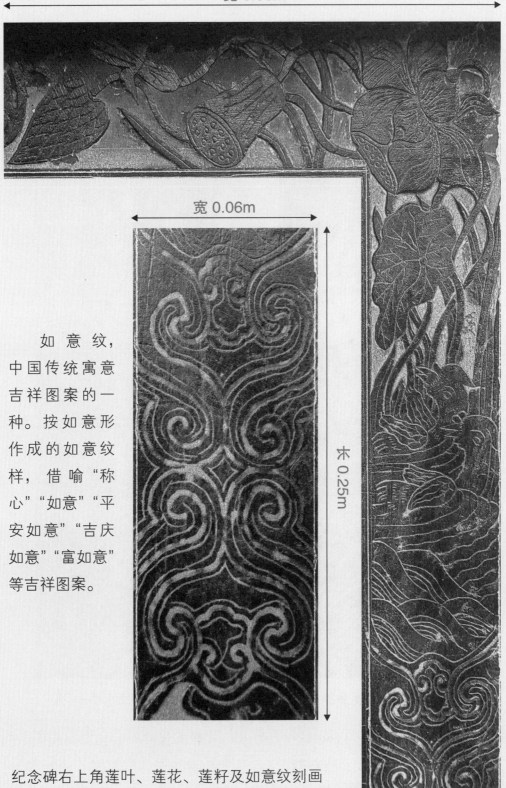

纪念碑右上角莲叶、莲花、莲籽及如意纹刻画

宽 0.06m

长 0.25m

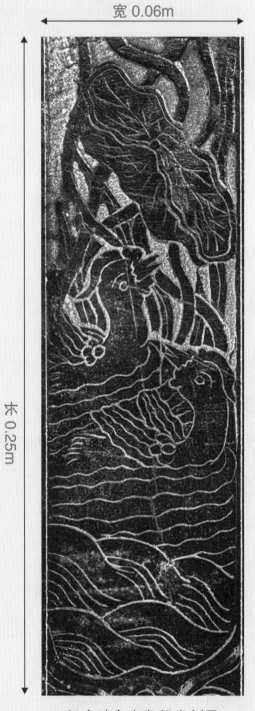

纪念碑左上角鸳鸯刻画　　　　　纪念碑右上角鸳鸯刻画

　　鸳鸯寓意兄弟情深。汉代佚名《别诗》："骨肉缘枝叶，结交亦相因。四海皆兄弟，谁为行路人。况我连枝树，与子同一身。昔为鸳与鸯，今为参与辰。昔者长相近，邈若胡与秦。惟念当乖离，恩情日以新。鹿鸣思野草，可以喻嘉宾。我有一樽酒，欲以赠远人。愿子留斟酌，叙此平生亲。"

敬 祭 篇

　　佛手瓜、寿桃、石榴这些食品合用，被人们称作三多福，即多福、多寿、多子，寓意吉祥如意和追思，是国画创作中常合用素材。牡丹花，则寓意国色天香、不畏强权的品质。

宽 0.06m

长 0.25m

寿桃（碑右侧一）

庆寿物品，寓意健康幸福。中国神话中能延年益寿的桃子。《神异经》：『东北有树焉，高五十丈，广四五尺，名曰桃。其子径三尺二寸，小狭核，食之令人知寿。』中国习俗，常将寿桃、石榴、佛手瓜三食物一起用，以祈祝『三多』。即多福多子多寿。亦作福禄寿。

宽 0.06m

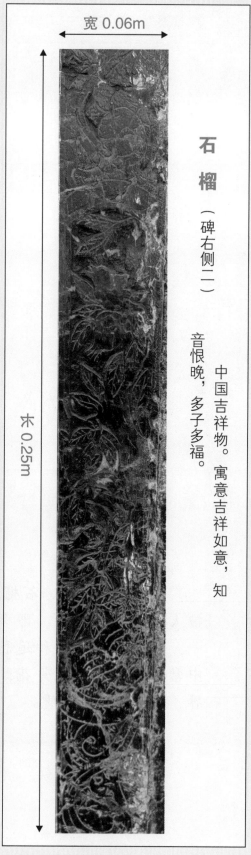

长 0.25m

石榴（碑右侧二）

中国吉祥物。寓意吉祥如意，知音恨晚，多子多福。

佛手瓜（碑右侧三）

宽 0.06m　长 0.25m

佛手谐音福寿，又作佛祖之手。寓意上天保佑、吉祥如意。

牡 丹（碑右侧四）

宽 0.06m　长 0.25m

花中之王，中国国花。寓意不畏强权。唐代刘禹锡作《赏牡丹》：『庭前芍药妖无格，池上芙蕖净少情。唯有牡丹真国色，花开时节动京城。』

希冀篇

　　鹿与鹤、小松鼠与葡萄、荷花与鸳鸯、白菜与南瓜、如意、万字符、蔓草等图案，均寓意人们对美好生活的向往，是中国传统国画的一种艺术表现形式，处处体现出对烈士、英雄们的深切怀念和崇敬。

长 0.65m

宽 0.06m

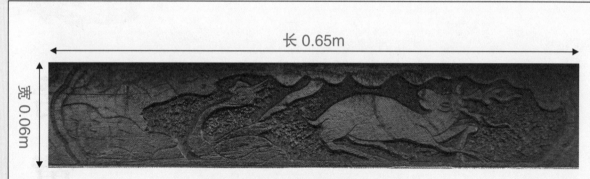

鹿与鹤图案（碑的背面上方）

鹿与鹤

寓意青松不老、长命百岁。"鹿鹤同春"是中国传统吉祥纹样。俗信以鹤为仙禽，鹿为瑞兽，人们期盼国泰民安。

长 0.65m

宽 0.06m

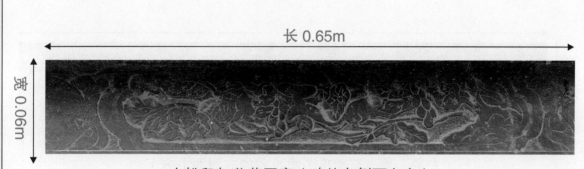

小松鼠与葡萄图案（碑的左侧面上方）

小松鼠与葡萄

寓意生生不息、多子多福。《松鼠葡萄》是中国画家齐白石 1937 年创作的名作之一。也是藏传佛教财神手中的吐宝神鼬。

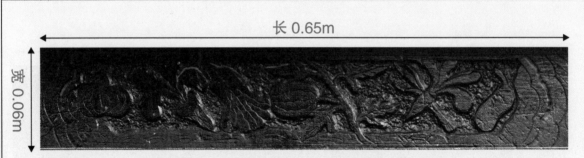

长 0.65m

宽 0.06m

白菜、萝卜与南瓜图案（碑的右侧面上方）

白菜、萝卜与南瓜

南瓜，属于藤蔓植物，寓意福运绵长；白菜，寓意百财，即财源滚滚；萝卜，寓意彩头。中国传统国画中取意清白、洁身自立的做人价值取向和对生活的美好期待。三者相用，寓意风调雨顺、国泰民安。南瓜也是西方万圣节的象征，用南瓜灯来驱邪魔庆节日。

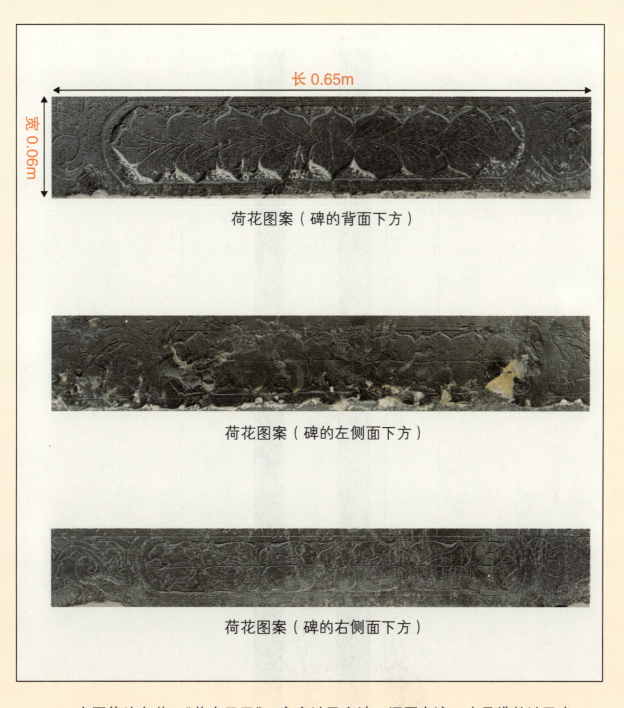

长 0.65m

宽 0.06m

荷花图案（碑的背面下方）

荷花图案（碑的左侧面下方）

荷花图案（碑的右侧面下方）

中国传统名花，"花中君子"，寓意神圣高洁，深厚友谊。也是佛教神圣净洁象征。宋杨万里作《小池》："泉眼无声惜细流，树阴照水爱晴柔。小荷才露尖尖角，早有蜻蜓立上头。"

宽 0.06m

长 1.6m

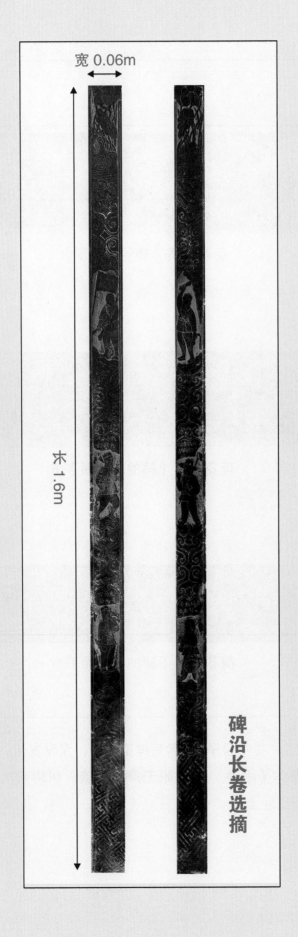

碑沿长卷选摘

万字符

宽 0.06m

长 0.25m

祥云纹。寓意吉祥、喜庆、幸福的愿望，以及对生活的美好向往。为中国传统吉祥图案的代表，具有独特代表性的中国文化符号。

万字符（亦称富贵不断头）。中国古代的传统图案之一。通常被认为是太阳与火的象征。佛教寓意吉祥、万福、万寿。唐代武则天赋予长而持久、不间断的用意。称其为"万寿锦"。

鱼纹

宽 0.06m

长 0.25m

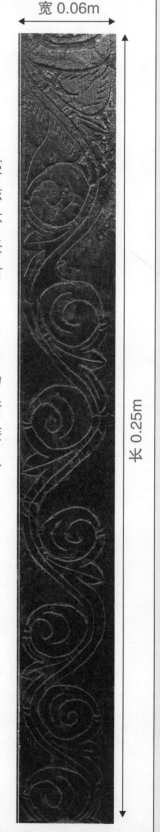

鱼纹（蔓草）。寓意滋长延伸、永不中断、茂盛长久。《诗经》有《野有蔓草》："蔓草而有露，谓仲春之月，草始生，霜为露也。"隋唐时期流行的装饰纹样，后人称为"唐草"。

鲁艺木刻工作团晋东南学校在潞城北村

据《胡一川日记》载："(1938 年) 11 月 24 日凌晨，鲁迅木刻工作团摸着黑夜与星光从延安出发，带着在延安收集的木刻作品和木刻工具，在中共中央北方局书记杨尚昆的带领下，渡过黄河，越过敌人的封锁线，翻过绵山，到太行山敌后抗日民主根据地，去开展木刻宣传工作，开办木刻展览。"

又《潞城革命老区》文载："1938 年 12 月 1 日，由胡一川领导的鲁迅艺术学校木刻工作团，进驻山西潞城县北村。"

晋东南鲁迅艺术学校旧址

1995 年秋摄于潞城县北村龙华庵

北村罗存虎提供

潞城县北村龙华庵鲁迅艺术学校旧址碑刻

1990 年立

2022 年 11 月 8 日摄于潞城北村中共中央北方局旧址

时值八路军总部及中共中央北方局开进晋东南潞城县的北村、中村和南村、西申庄、小河堡、西白兔等村。中共中央北方局文委委员李伯钊与丈夫北方局书记杨尚昆住在北村农民杜道孩家北房。在此，李伯钊组建了"鲁迅艺术学校"晋东南分校，招生 71 人，开木刻、绘画两个班，校址选在北村的元朝古建筑龙华庵内，庵内建筑面积约三亩。李伯钊时任

中共中央北方局书记杨尚昆与李伯钊住宅旧址
2022 年 11 月 8 日 摄

李伯钊（左）与杨尚昆（右）夫妇合影

该校党总支书记和校长。与此同时，鲁迅艺术实验剧团 40 余人，及抗日军政大学一分校，也相继进驻北村。这对潞城县根据地的文化艺术、文学起了不可忽视的推动和发展作用。

鲁迅艺术学校办有《敌后方木刻》刊物，受到群众赞赏。如胡一川作的《军民合作》《破坏交通》；彦涵作的《抗日军民》《春耕大吉》《保卫家乡》；罗工柳的《一面抗日，一面生产》等。他们的漫画和木刻歌颂了抗日救国的英雄事迹，也揭露了法西斯侵略的罪行。他们还创作了木刻年画（版画）送给时任国民革命军第十八集团军副总司令彭德怀，作为 1939 年春节献礼。彭总为此写文鼓励和感谢。全文如下：

彭德怀在百团大战前线
彦涵 木刻 1941 年作

鲁艺木刻工作团诸位同志： [1]

承赠自制年画多幅，谢谢！

我早已听到你们工作的努力，现在又亲眼看到你们的作品，更证明了这话是对的。这次你们的勇敢尝试可以说是已经得到了初步的成功。许多艺术工作者口喊着大众化，实际上并没有真正做到，而你们则已向这方面走进一步了。

我们马克思主义者认为，脱离了时代要求，不反映革命现实的作品，是没有并且也不会有艺术上价值的。目前，中国艺术工作者的主要任务，在于加紧的批评的接受与发展民众的艺术形式，充分的反映抗战中人民的要求，成为动员民众一支强有力的力量。为了创造民族艺术，这也是必要的。

特别当抗战目前正处在投降妥协危机严重的时候，进一步动员群众，成为克服投降妥协危机的重要工作。在动员群众当中，必须采取各种各样的工作方式与方法，在中国人民大多数是文盲条件下，图画宣传更占了重要的地位。我诚恳的希望你们不断的进步，并且祝你们不断的成功！

谨致
民族解放敬礼

彭德怀　启

二月七日

---

①彭德怀文稿引自一丁（张文君）著《太行根据地文化》第29页，该书2005年2月于中国文史出版社出版。

彭德怀书信附件 1：

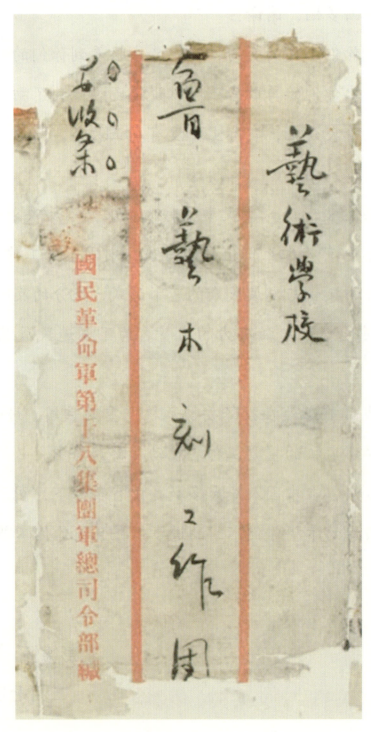

彭德怀手迹 ①

---

①彭德怀文稿写于山西潞城县北村杜宗铭院内的东楼。

附件 2：

鲁艺木刻工作团诸位同志：

承赠自制年画多幅，谢谢！

我早已听到你们工作的努力，现在又亲眼看到你们的作品，更证明了这话是对的。这次你们的两次敢的尝试，可以说是已经得到了初步的成功。许多艺术工作者口喊着大众化，实际上并没有真正做到，而你们却已向这方面走进一步了。

我们马克思主义者脱离了时代要求不反映革命现实的作品，是没有甚至也不会有艺术上价值的，目前中国艺术工作者的主要任务在于加紧的批评的接受与普展民众的艺术形式，充你们的反映抗战中人民的要求，成为动员民众一支强有力的力量。

附件3：

国民革命军第十八集团军总司令部用笺

为了创造民族艺术，这也是必要的。

特别当抗战目前正处在投降妥协危机严重的时候，进一步动员群众成为克服投降妥协危机的重要工作。在动员群众的当中，必须采取各种各样的工作方式与方法。在中国人民大多数是文盲条件下，图画宣传更作了重要的地位。我诚恳的希望你们不断的进步并祝你们不断的成功！

谨致

民族解放敬礼！

彭德怀　启

二月七日

1939 年，鲁艺木刻工作团部分人员合影

左起：彦涵①、华山②、胡一川③、罗工柳④

引自《彦涵传》一书

---

①彦涵（1916.7.23—2011.9.26），原名刘宝森，江苏连云港人。1938 年夏入延安，年底参加鲁艺木刻工作团，赴太行敌后根据地，并在晋东南鲁艺分校任教。后担任"人民英雄纪念碑"浮雕创作组副组长，主导设计了纪念碑正面的《胜利渡长江》浮雕图案。彦涵说："画画就是在画思想。"在山西潞城县北村任教期间，彦涵结识了住在隔壁窑洞的中共中央北方局女资料员白炎（陕西绥德县人），碰撞出纯洁的爱情火花。校长李伯钊主持了他俩的婚礼。彦涵与白炎的爱情之果是有了儿子叫彦白桦。后来，白炎为彦涵著有《彦涵传》一书。

②华山（1920—1985），原名杨华宁，广西龙州人。1938 年入延安鲁迅艺术学院学习，战地记者（《新华日报》），随八路军总部进行宣传工作。著名木刻家、新闻记者、作家。

③胡一川（1910.4.16—2000.7），原名胡以撰，曾化名胡白夫，福建永定人。1937 年到延安，在鲁迅艺术学院美术系任教，任鲁艺木刻工作团团长。后曾任中央美术学院教授、广东美术学院院长、党委书记等职。

④罗工柳（1916.1.5—2004.10.23），广东开平人。1938 年到延安，入鲁迅艺术学院美术系，不久参加鲁艺木刻工作团，赴太行山抗日前线。1939 年 1 月，与同学杨筠（1920.5.19—2022.4.5，女，山东德州人。又名杨赟。爱人罗工柳。1938 年到延安，入鲁迅艺术学院美术系，不久赴太行山抗日前线，成为鲁艺木刻工作团团员。后任中央美术学院陈列馆馆长。代表作《织布图》《养鸡图》。）结为连理。后曾参与创建中央美术学院，并任该院党总支副书记、副院长、教授。曾参与人民币第二到第四套图案设计。

1939 年初，鲁艺木刻工作团彦涵（左）与中共中央北方局资料员白炎（右）在山西省潞城县北村相识，分校校长李伯钊为其做媒

1939 年 1 月，鲁艺木刻工作团罗工柳（左）与杨筠（右）在山西省潞城县北村结婚

1939 年 7 月李伯钊[①]创刊《活报》

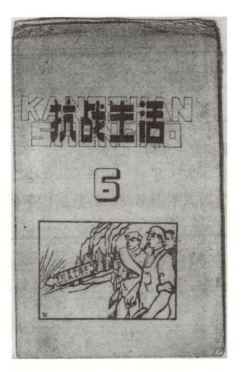

"鲁艺"学校为《抗战生活》提供刻画

综合刊物《抗战生活》(刊名由朱德题)

朱德总司令为《抗战生活》题写刊头

《太行根据地文化》一丁 著

①李伯钊(1911.03.20—1985.04.17),女,原名李承萱,也曾取别名戈丽。四川巴县人。参加过长征。抵延安后,任鲁迅艺术学院编审委员会主任、中共中央北方局文委委员兼宣传部科长、中央宣传部科长等职。1939 年初她来到潞城工作和生活,并在潞城北村龙华庵组建鲁迅艺术学校晋东南分校,招生两个班,学习木刻和绘画艺术,担任该校校长。

②一丁(1935.3—   ),又名张文君,男,山西省沁水县人。长治日报主任记者,作协会员,著有《太行根据地文化》一书。

八路军总部北村旧址纪念馆①

①1990年3月8日，杨尚昆为"八路军总部北村旧址"题词。

鲁艺木刻工作团刻画选摘

此部分选自《新华日报》(华北版)
插图、《太行木刻选集》(山西人民出版社
出版，王大斌主编，1991年6月)及部分
专家的个人信息，以作鉴别与鉴赏。

---

①原报印有误，"X"应为"H"。

■ 《全民战争》（1938 年）   罗清桢[①]作

---

①罗清桢（1905—1942），广东兴宁县宁新镇高陂村人。著名木刻版画家。与鲁迅艺术学院胡一川、陈铁耕等为新兴版画运动先驱。

■ 《八路军开赴华北抗日前线》（1938 年） 小肖 作

■ 《往战场送慰劳品》（1938 年）　　　　　　　方文 作

■ 《保卫家乡》（1939 年春节年画）　　　　　　彦涵 作

■ 《鲁艺实验剧团赴太行前线》^①（1939 年） 　　　　佚 名

---

①1939 年 2 月 1 日，鲁艺实验剧团进驻山西省潞城县北村。

■ 《坚持华北抗战开展游击战争》（1939 年 1 月 7 日） 　　　陈铁耕[1] 作

　①陈铁耕（1908—1970），又名陈克白、陈耀唐。广东兴宁市永和镇华岭村陈大成人。著名木刻家。1940 年曾任太行山根据地鲁迅艺术文学院晋东南分校副校长（代校长）。抗战胜利后，曾在鲁迅艺术文学院和广州美术学院任教授。新中国成立后，任广州美术学院版画系主任。

■ 《庆祝晋东南青救总会成立》(1939 年 3 月 17 日)　　　简平 作

■ 《纪念"五一"要打倒法西斯侵略者》（1939 年 5 月 1 日） 简平 作

■ 《开荒、开荒、前方将士要军粮》（1939 年 7 月 1 日）　　　　彦涵 作

■ 《打倒日寇法西斯蒂铲除内奸，为独立自由幸福的三民主义共和国奋斗到底！》（中共十八周年纪念）（1939 年 7 月 1 日）华山 作

■ 《卢沟桥抗战的炮声，是中华民族争取独立自由解放的军号》（1939 年 7 月 1 日）

胡一川　作

■ 《抗战必胜！建国必成！》"七七"二周年纪念（1939 年 7 月 1 日）

华山 作

《破坏敌人的交通》（1939 年 7 月 1 日） 白炎 作

■《纪念"八一三"要坚决抗战到底 反对投降妥协》（1939 年 8 月 13 日）胡一川 作

■《代耕队帮助抗属春耕》（1939 年彩色版）　　　　黄山定　作

■ 《保卫晋东南》（1939 年）　　　　　华山 作

《共产党员站在抗日战争的最前线》(1939 年)　　　陈铁耕　作

■《敌后方的妇女在努力学习》（1939 年）　　　　　　简平 作

■《不要让这群大汉奸逍遥法外》（1939 年 4 月）　　　　罗工柳 作

■ 《反"扫荡"》（1940 年）   赵枫川 作

注：太南，是太行山南部一些县的简称。

■ 《帮助群众修纺车》（1941 年）　　　　　　　力群 作

■ 《把敌人抢去的粮食夺回来》①（1943 年夏）　　　　　　　彦涵　作

①1945 年 4 月 9 日，发表于美国《生活》杂志，美国合众社记者爱泼斯坦说："历史上没有一种艺术比中国新兴木刻更接近于人民的斗争意志和方向。它的伟大之处，由于它一开始就作为一种武器而存在的。"

■ 《民兵练武》（1943 年）　　　　　　　　　邹雅 作

■ 《向前进！向前进！》（1943 年）　　　　　　刘韵波 作

■《民兵开展爆破运动》（1943 年彩色版）　　　　彦涵 作

■ 《抗战胜利　军民合作》（1946 年年画）　　　　　　　　　　彦涵 作

■ 《延安鲁艺校景》(又名《昨日的教堂》)　　力群　作　　1941 年

见证《烈士亭》相关史籍

鲁光与山西省潞城县民兵烈士纪念亭轶事

鲁光（1909.11—1997.9），山东日照人，擅长中国画。是中国名画家、抗战时期资深记者。他1931年在上海美术专业学习，1937年进入延安，先任丁玲战地剧团艺术干事，后随军从事艺术和记者工作。新中国成立后曾任武汉军区军事法院副院长，离休前为中国美术家协会湖北分会顾问，代表作品有《擎天柱》《群鹰》《白描菊花》等。

作家　丁玲
1941年摄
赵军三女赵鸿燕提供

1944年至1945年抗日战争期间，鲁光作为《新华日报》记者和艺术工作者，与他的战友们在太行抗日根据地的前沿阵地潞城县一带开展工作，时间达一年之久。在这段日子里，正值中共第七次代表大会胜利召开和抗日战争即将胜利的时刻，中共太行四地委、太行第四军分区主导，中共潞城县委县政府承建，在潞城抗日根据地石梁村的武装工作委员会机关驻地旁，建设抗战胜利纪念物。即潞城县民兵烈士纪念亭碑。任务下达后，鲁光和他的战友们应邀接受了"潞城县民兵烈士纪念亭碑"创作设计任务。他们白天随军打仗采访，晚上艺术构思创作，将一座高高耸立的中苏建筑风格相结合的纪念亭效果图和充满中国元素的人物、植物、动物等28幅作品和20余米碑体沿画图案的纪念碑效果图方案提供太行党政军组织审定和实施。

鲁光和他的战友们不仅将自己的艺术才华留在了民兵纪念亭上，还将多篇采访潞城抗战的史实刻录在了《新华日报》版面里。1944年11月11日，他在《新华日报》太行版第4版发表太行潞城民兵英雄刘三年的事迹，题目为"刘三年得奖回村，全村人人兴奋"[①]。1945年9月1日，是抗战根据地的记者节，鲁光在《新华日报》太行版第5版，即《记者节特刊》发表"潞城四区发展与巩固通讯工作的经验"的长篇文章。

除此之外，他在《新华日报》太行版发布的稿件还有：1945年3月13日，"潞城四区游击区减租，八个村群众发动起来"；1945年3月27日，"响应毛主席扩大解放区号召，潞城群众打垮维特"；1945年4月27日，"潞城敌伪活动特点，假冒我军明退暗伏"；1945年4月20日，"潞城边沿区对敌斗争尖锐"等6篇报道。

①2011年5月1日人民日报出版社的王玉圣主编的《太行群英》一书，在上册第003页再次登载此文内容。

　　鲁光和他的战友们，在潞城抗日根据地工作期间，用他们一流的国家艺术作品和《新华日报》战地报道成果，见证了潞城县城的解放，迎来了上党盆地长治的解放。同时，将1944年秋的"中国记者节"的潞城县新闻工作经验文章，永远留在了国家新闻历史的长河之中，铭刻在了太行大地上！

　　潞城老区人民永远怀念鲁光等艺术家和《新华日报》的记者们！

附：《新华日报》太行版鲁光报道选

刘三年得奖回村　全村人人兴奋

　　[潞城消息] 潞城群英大会，是上月二十七日召开的，全县出名杀敌英雄刘三年，拿着奖给他的那枝漂亮步枪回家后，村里人兴奋极了。他到村时，天已黄昏，民兵都休息了，一听他回来了，都高兴的又起来，欢喜的去看他。有的民兵感动的说："咱村要好好干，争取全县模范村。"三年的劲头更大，第二天他首先教育民兵保卫秋耕，并扩大民兵。他村民兵，原来是十个，秋前扩大到十六个，回来后马上扩大到三十二个。为了保卫本村群众秋耕安全，民兵分三小队，每到半夜（敌人出发时），由干部轮流带领，到村南一里以外山上警戒，天明返村，每夜如此。他为了打击敌人到他村抢粮，在十月三十号下午，动员了九十个群众，到村南将通敌人据点的大小道路，完全破坏了。

　　十一月一号，他又带领本村民兵十四人，深夜深入敌据点，将伪保安队警察所羊二十五只赶回来，交在区上。他很好的爱护武器，他在家动员三二斗杏核，组织民兵砸了，作擦枪油。他村地形不好，敌伪出来，不便于打击，为了打击敌人，他便动员民兵改变地形，挖交通壕，安设地雷。他说：好好工作，把咱县搞个模范。（鲁光）

潞城四区 ① 发展与巩固通讯工作的经验

鲁 光

一、是怎样建立与发展的

去年六月我到县里开会，县委号召各区以主要干部为主，发动和组织通讯工作。我们自己亦深感我区很多材料（如群众在对敌斗争上的精神和办法等），很值得反映在报纸上，和其他地区作为经验交流。但是过去没有注意通讯工作，因而很多宝贵的材料都埋没了。这是革命的损失。所以就在六月十四日的区干部会上，抽了两个钟头，专门讨论通讯工作。一般工农同志说："咱这个老粗还能给新华日报投稿？人家还看得起咱！"显然的，在当时大家对投稿都觉得难于登天，神秘的很，区干部中的知识分子，是不知道该怎样写，怎样开头，怕写上不登丢人。一些从前投过稿的，凭着过去的经验，勉强接受了这个任务。在这种情况下，我们一方面对没有信心的同志进行鼓励，说明报纸欢迎工农同志投稿，愿给咱们修改，就是写错了字人家也不嫌，同时以报纸上发表的工农兵的稿子作榜样，来鼓励他们大胆写稿。对知识分子的同志，主要是说明写稿的目的是为了交流经验，推动工作，绝不是为了表现自己，同时强调提出为党报投稿是每个革命同志应尽的义务，是很光荣的。经过解释后，接着来了个讨论酝酿，大家开始有了些信心，当即抓住几个积极分子专起组织，以两个原则来结合：一是工作地区相近，容易凑在一块。二是自愿结合，首由刘世英结合李联斌、郭秋则、李马有四人组织一组。接着赵双洪组、高青山组、高步青组等也纷纷成立。在结合的过程中，表现出三种人：一种是积极的，如刘世英、高步青、赵双洪、李联斌等。一种是依然投稿信心不足，表现勉强的。第三种是落后的，仍然觉得自己不行，区公所交通员李相贞同

---

①抗战时期，潞城县五区辖故县村、故漳村。1938 年 8 月 8 日，中共中央北方局和八路军总司令部进驻故县村；同月 25 日，朱德总司令在此为纪念八路军建立一周年，发表《告国民书》。同年，10 月 19 日至 20 日，总部、一二九师及地方党的主要领导人在故漳村召开重要会议。同年，11 月，十八集团军司令部在故县村建起一座抗日战争一周年纪念塔，这座塔呈六角方塔，宽约三尺，高一丈七八，塔上留有朱德题词。同年，12 月 2 日，中共中央北方局和八路军总司令部等所属机关移驻潞城四区所属的北村、南村、中村等村。1939 年 3 月下旬，中共中央北方局在北村举办高级党校训练班，学员 50 余名，其中一半是长征过来的八路军团、营级干部，另一半是白区锻炼成长的县级干部。同年，7 月 7 日，朱德总司令在北村发出《抗战两周年纪念给八路军全体将士通电》，次日中共中央北方局和八路军总司令部始向武乡县砖壁村转移。这段时间前后近一年之久。另，1945 年 9 月，刘伯承、邓小平也是在潞城四区黄碾镇安居村指挥了有名的"上党战役"。

由此可以说，潞城四区是抗战时期八路军进入太行的第一个重要驻地，也是八路军在华北抗日战争的主要指挥中心，还是开启解放战争序幕的我军指挥阵地。从这个现象可以看出，《新华日报》太行版在记者节发表的由鲁光写的"潞城四区发展与巩固通讯工作的经验"用意！同时，也应答了 1945 年元旦日《新华日报》太行版社长兼总编辑史纪言所作的"党报工作中几个问题的商讨意见"的报告关切。即"第二个问题，是报道的地区性问题。……比较来说，对于老区的先进、腹心地区报道好些……"

志，在别人吸收他参加时，他总是红着脸说："咱不行！咱不行！"经过和李相贞熟的一些工农同志再三解释，他的信心慢慢的也鼓起来，也参加了。这样我们组织了四个小组共十五个人，紧接着，由刘世英为主的一组，向赵双洪、高步青提出竞赛，规定每月每人至少写两篇稿（要留稿底），开一次小组会。赵双世、高步青小组亦应战了。此时，我们又向各同志提出，临下乡以前每个干部至少写一篇稿留在区上。当这个问题提出后，许多从未动过笔的同志便提出："写什么好，如何开头？"因我也是初学写作，经验不多，只好就我自己写稿的经过、思想变化及怎样下手动笔的思想斗争情形告诉大家，说明写稿的内容应是"作什么写什么"。并将当时各村工作中的几个故事和典型材料指出，让没写过的同志去写。大家又问怎样写？我告诉大家就像你们给区上写汇报一样就可以。经过这些问题的相继解决，许多同志都去写，但信心还不足。我们又作了许多的鼓励工作。经过一夜

摘自 1945 年 9 月 1 日《新华日报》太行版
（"九一"记者节特刊）

之后，不少同志如赵枝保、高青山将稿写了。在此影响下，有的同志说："鲁政委①，我在区上写不了，到下边去写。"经过这些问题解决后，通讯组织开始建立了。

此后，在投稿写作的过程中，自然形成三种人，积极的、中间的、落后的，在运动中有的先紧后松，有的先松后紧，发展不齐。领导上是不断抓紧积极先进的，以事实来推动和鼓励落后者向前看齐。很多同志在开头是落后分子，现在变成积极分子了。在很多工农同志写稿的影响下，全区小学教员也自动要求组织通讯小组。因为一些工农干部写的稿登出来了，对教员刺激特别大。现在刘步英同志在常庄将教员、义务教员等四个人组织了一个小组。史土长在上栗

---

①鲁光，1942 年 8 月至 1945 年 1 月，兼任中共潞城四区区委书记。

村也组织了四个人的小组。西坡村长史长木投的稿子且已反映出来。在目前全区通讯员有组织的不下三十个。区干部中除两个没写外，都自动的写稿了。区干部每逢碰在一起，或者写信时，总要讨论写稿的事情，已经把投稿看成自己的责任了。热烈的讨论运动已经造成了。

二、不断督促不断检查造成运动

在一般同志，对通讯工作有了一定的认识及初步树立了信心之后，紧接着就应抓紧大家的热情，将热劲坚持下来。如我们在区上初步建立了组织，解决了一些问题，大家有了一些热气，我们就以写信、面谈、开会时专门拿出一定时间，来汇报、总结、推动通讯工作。领导上的注意，造成了大家的重视，同志间亦是互相督促，真正造成了运动。

三、以实例来教育、鼓励、推动同志们投稿

原在四区当交通员的李相贞，今年二十三岁，家贫识字不多，在去年六月成立通讯小组时，他当时认为自己是个老粗，又是交通员，不能写稿子。但在八月间，小河堡敌伪出击李家庄，李同志闻讯后，立即协同邱璧民兵，将敌人打退。他高兴的回来后，就想把这种情况反映到报馆去。他想写稿，但又害羞，背着人写了三次，但都毁掉了。最后，他下了决心，将稿写成，想让高区长①修改一下。两次走在高的房子门外，都因怕羞顶（退）回来了。最后一次他想"写得好坏就这吧！"走进去硬着头皮说："高区长你看我写的这个稿。"说完后，马上就红着脸跑出来了。高区长把他的稿子寄出去，这时李相贞就更关心新华日报了，每次报来他首先看报上有潞城消息没有。过了十余天新报来了，他的稿子反映出来。当时正开区干部会，他看见我情不自禁地说："你看我写的稿子登出来了。"我接过报高声一念，好几个工农干部，如赵枝保、王金太等人都表现出美慕的样子。相贞本人，当时已笑的不能合嘴了。当时我们即抓住这个活的事实，对赵枝保、王有库同志说：你看人家相贞还能投稿，你们为什么就不敢写呢？赵枝保、王有库、苏秀孩三个同志受了很大影响，对于写稿的神秘观点开始打破了。接着王有库同志就写起来。今年二月赵枝保的稿子也发表了，他在二月的区干部通讯小组会上说，写稿该不是和写信一样。我们又抓住赵枝保同志这个活的事实加以表扬，在场的工农同志，都觉得"枝保能写，我和他一样，我也能写"。史有才下了决心，在三月份写了二篇稿子。

四、亲自下手团结积极分子，帮助工农同志

在投稿运动中，出现了刘世英、史土长、李相贞、李马有一类的积极分子。我们以他们为骨干，作为组织投稿的主要力量。在每次开会或因事到在一处时，几个同志总要顺便研究一下本区的通讯工作情况、困难和解决办法。开区干部会时，常常发动竞赛，通讯工作也一样。积极分子就是天然的核心。积极分子另一个任务，是细心的帮助写不了稿子的工农同志。我们分过工，史土长负责帮助上栗村干部的通讯小组，刘世英帮助赵枝保及刘三年，李马有

---

①高步青，河北正定人。1943 年 6 月至 1944 年 12 月任潞城四区区长，后任潞城县抗日民主政府秘书、副县长。

帮助唐福林，刘步英帮助常庄村通讯小组，我帮助枣臻通讯小组。帮助的办法，是给他们代笔或给他们找材料，督促写与帮助修改。领导干部还应作一般干部的模范，自己经常写稿。

五、不断发展，不断提高

当我们未组织通讯工作时，大家对投稿是不闻不问的。等到大家对此工作有了认识，有了组织，即应进而解决大家的困难。先发动大家的信心及情绪，再解决写稿很多，但登不出来的同志的苦闷，帮助他们提高写作的能力，解决如何加强新闻指导性等问题。对不同的同志应有不同的要求，对一般同志是发动多写，对老一点的通讯员是加强新闻的指导性，加强研究，只有这样，才能将工作逐步提高。

六、两种投稿的动机两种情绪两种不同的结果

自从建立通讯工作以来，一般同志的投稿的动机有两种：一种是为个人出风头，企图名满太行。一种是老实为群众服务给党报写稿。区里有两个小知识分子，一开始建立通讯工作时，他们抱着十足的信心，以表现个人的热情进行投稿。开初是一月写几次，每次至少是写几稿，后来因为写的稿子未登上，自己觉得不能名满太行，思想就起了变化，信心也开始下降，同时对报社不登也发生怀疑，以致失掉了信心。另外一种如李相贞、赵枝保等同志，他们在起初是完全没有投稿的信心，但当他们的稿子发表一二次之后，他们的信心确立了，他们的写稿观念一般是正确的。"不登也要写哩！"这是李相贞的话。现在的李相贞、赵枝保两同志，已成为工农通讯员中的积极分子！此外，还有的同志，在投稿运动中不断的斗争，由个人观点逐渐转变到为群众服务的正确观念。如李马有同志说："原来写了一篇又一篇，因没有给我登，自己就不写了。停了几天，想着不对，投稿又不是为出风头，此时想重写一篇，碰碰吧！一碰碰上了，信心提高了！"

七、干部调动问题

每逢在职干部调动时，通讯小组也必须随之重新整顿，否则原来的组织已有人事变化，不及时健全会影响投稿的情绪。在去年十二月我区干部调动几个，就有这种现象。后来及时抓紧将新来的同志，吸收入组，这样大家又系统了，没受影响，反而加强了工作。

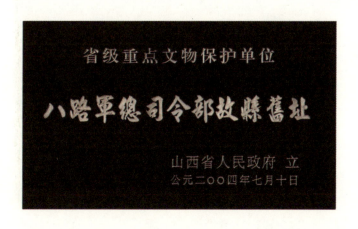

郭渭与山西潞城县民兵烈士亭的轶事

郭渭（1920—2012.6.18），山西晋中榆次人。曾任太行区《胜利报》《新华日报》编辑、编委会秘书、记者；后任《人民日报》秘书室主任。新中国成立后，历任《人民日报》副秘书长、出版社经理、编委、秘书长；人民日报编委会委员、秘书长；中华全国新闻工作者协会书记处书记等职务。

1945 年春秋，郭渭在中共太行四地委、太行第四军分区一带从事新闻采访，正值潞城县民兵烈士纪念亭碑建设之际，他目睹了烈士亭的建设过程和烈士碑图案、碑文的创作、起草过程，并参与其中，发挥了独特的作用。

首先，在建亭中，他就帮助潞城县武装工作委员会主任卜虹云（晋中昔阳县人）总结撰写了"潞城训练村干部的经验"（以潞城武委会署名），于 1945 年 6 月 15 日发表在《新华日报》太行版，介绍潞城民兵组织武委会的工作成绩和经验。

其次，在该纪念亭碑文的起草中，他发挥自己文笔才华，帮助潞城武委会修改碑文铭刻金石之上。

再则，1945 年 8 月 26 日，他又配合潞城民兵烈士亭建成庆祝之时，撰写"解放潞城的民兵"的长篇文章，发表在《新华日报》太行版，让大家继续深入了解潞城民兵的抗战业绩。

最后，基于潞城县民兵烈士亭庆典之后，潞城独立营随即扩升为潞城独立团，近千民兵新入伍的事迹，他于 1945 年 8 月 27 日又在《新华日报》太行版发表了"潞城整排整班入伍"的消息，以鼓舞太行军民乘风破浪迎接解放战争胜利的士气。

于是，潞城建立民兵烈士亭碑的故事和潞城民兵的抗战成绩，通过他的系列报道，一时名扬太行！成为抗战胜利时太行老区独特新闻现象！

附：《新华日报》太行版郭渭报道选

潞城训练村干部的经验

潞城武委会

1945 年 6 月 15 日《新华日报》太行版

一、怎样转变战术思想？

训练中，部分同志重视技术训练，轻视战术训练。如李宜只说："利用地形等战术还用学？到战时一打枪，谁还不会自动散开和隐藏？"为什么产生这种思想呢？原因是：他不知道过去是在门边山上打仗，地形容易利用，再加以我们是三三两两、打了就跑的战术，当然感不到什么利用地形之重要。如果要在平原作战，地形如不熟习，就难利用，同时，不一定是打了就跑，所以战术就非学会不行。经过用这个道理说明，才打通了大家的思想。

二、怎样进行教育？

在没有好的教员和战斗经验多的人材下，我们是这样进行教育的：在未动作前先经过大家讨论、干部研究后，就进行演习。演习后，再来一个讨论。讨论出缺点，再来个演习。这样来发挥兵教官、官教兵的教育方法。在教育对象上，应该注意新老区民兵和新老民兵的不同。因为新区及新民兵，战术不懂，技术又不行，所以我们就不能光以千篇一律的战术去教育不同的民兵。除战术训练外，还应适当给新区和新民兵一些学习技术的时间。我们训练没有注意到这一点，所以新区干部不如老区干部，今年技术训练不如去年。去年每弹平均五点五环，今年平均三点六环。

三、表扬和处罚问题

对整训中的民兵表扬，不应要求尽善尽美，谁有一技之长就应该表扬。同时也不能光表扬技术，他有积极的地方也可表扬。但也不能光在几个积极分子身上兜圈子，以免形成大家思想上的"上边看得起人家，咱吃不开了。咱是得中不得中，年年来打混"的消沉应付现象。还应该注意不能依其进步快慢来定，比如一人开始才投二十米，当然进步快。有的人开始就投四十米，一定进步不了多少米。同时各人体力也有不同，有的心急实在力不足，投不远，你如说他进步慢，是会失望的。

关于处罚问题，对落后分子，不应该光处罚，而应该怎样去改造他才对。找出他落后的原因，有何问题，去帮助他解决。单纯的处罚收效不大，如石梁村民兵，不来自学，就叫他参加到指挥部①睡觉，这是不合适的。

___

①指挥部是群众对潞城县人民武装工作委员会机关的简称，也称潞城武委会，抗战期间驻地石梁村。

解放潞城的民兵①

郭 渭

十一日晚，当反攻的命令传到各联防时，整个潞城都动起来了，有不少的村子通宵闪烁着灯光，妇女们在紧张的给自己的丈夫儿子赶制干粮。十二日上午几千雄纠纠（赳赳）的战士们，就集中在一个地点了。接着就开始向潞城城关、微子镇、黄碾、张庄、五里后等敌伪据点进行围困与攻击了。

他们一开始就以主动的积极的进攻姿态出现。如我三区神头民兵包围了微子镇比干岭的二十五名日军，他们组织了一个突击组，由中队副王返科（潞城一等杀敌英雄）带着，把地雷埋到离炮楼十米还远的井边，把分区司令部的大布告贴在敌兵舍门口的碑上。敌人企图把地雷挖走，我哨兵以步枪射击，迫使敌踏响了地雷，死一伤一。此后敌人被困在碉堡内连水都吃不上，曾好几次想冲出我民兵包围圈，向城内逃窜，都被我民兵的步枪小炮所封锁。十七日敌作最后挣扎，以少数兵力在炮楼上掩护，其余的都向我民兵阵地冲来，民兵暂时后退了一个山头，重新组织了力量，一部分由中队长韩恩科带领，以小炮射击敌人打掩护。王选科同志带领了突击组，光着身子随着冲锋号声向敌人冲上去了。敌人被他们的冲杀所威胁，不得已向炮楼撤退。我民兵连占敌三阵地。这时民兵与敌相距仅二十余米远（距敌碉堡亦为二十余米），他们把敌人包围了，敌人反冲锋，民兵们投掷手榴弹，使敌人寸步不能前进。最后敌人狼狈的缩回乌龟壳里去了，我共毙敌三名。自此以后，敌人再不敢出碉堡一步。十八日城内出来五十余名敌兵，掩护比干岭敌人退却，敌人不断气的打着机枪与掷弹筒，但我神头民兵仍然

1945年8月26日《新华日报》太行版

追击着敌人，敌人除了武器外，其他东西一丝也没有带走。这次敌人又被击毙三名。

三区的民兵，从十三日拂晓起，对城内之敌也展开了强大的攻势，他们紧紧的围在城墙跟。十四十五两日，敌伪军三百余曾两次出动至西村，但先后均被民兵击退，敌先后伤亡八名。自十五日以后敌伪军钻在城内，就再不出城了。此外黄碾、张庄等敌伪据点，也同样是天天遭到民兵的攻击，敌人也是寸步不敢行动。

潞城的民兵，他们不仅是勇敢善战的战士，而且是有组织的宣传工作者。当十三日向各敌伪据点进军时，各中队都组织了政攻宣传组，随时随地写标语，进行口头宣传，光在合室一天就写了一百三十多条标语。此外他们普遍的对敌伪碉堡、炮楼展开了喊话运动。此外他们有严格的纪律，保证不违犯群众一丝一毫的利益。当他们向目的地进发时，火热的阳光直射着，每个人口中渴得唾着白沫，但通过了不少的枣树林及别的果木树，却没有一个人摘过一个。

在五、六区一带（这里完全在格子网内，除周围被长治、白晋线、襄垣等敌人包围着外，心脏里还有黄碾、张庄、石圪节煤窑、小河铺、常村等敌伪据点）隐蔽了三年多的抗日地下武装，敌人曾经想尽一切残酷的办法毁灭他们，但他们仍英勇的坚苦的斗争到今天。当听到日寇无条件投降的消息后，他们马上在**固（故）县**②、东旺成立了指挥部，给我军传送着可靠的情报，并开始配合进行战斗。五区**固（故）县**、东旺、西旺、曹家沟、石窟、宋村、龙村等地的地下军，当我军攻打石圪节煤窑时，他们和根据地民兵并肩作战，而且缴获了不少的武器。西旺地下军缴获轻机枪一挺，步枪一枝，东旺地下军缴获了步枪两枝，盒子枪一枝。六区的地下军活动也很积极，当我军包围张庄等敌伪据点时，北社（舍）一带地下军便自动的配合正规军，从敌碉堡炮楼下面传送情报，并自动的打击敌人。他们数年来忍耐着，受尽了敌人的屠杀、毒打、种种非人的凌辱、与国民党特务的陷害、破坏，但他们并未屈服，今天终于胜利了。

---

①《新华日报》太行版记者郭渭，在抗战胜利时，及时将"解放潞城的民兵"作为太行区典型推出，与中共中央北方局、八路军总司令部抗战初期在潞城四、五、六区驻扎有关联，也与准备展开的上党战役指挥所设在潞城黄碾镇安居村有关联，也与中共太行四地委、太行第四军分区主导在潞城抗战根据地建立民兵烈士纪念亭有关联。该报道末段写的"黄碾村、故县村、东旺、西旺、常村、石圪节"等地名，正是潞城四、五、六区所在地，也是谱写太行民兵抗战光辉壮丽的篇章和胜利喜报。

②黄碾古镇属村故县村，在山西地方史志资料丛书之二，《抗日战争时期山西大事记》书（1984年10月编印）的第82页下端："集总由沁县移驻屯留县故县镇"，此"故县"村地名属地待商榷。《新华日报》记者郭渭在"解放潞城的民兵"报道文中的末段，记载"故县"属潞城县五区。

1982年11月12日，曾任中共山西省委书记、山西省顾问委员会主任贾俊同志，在潞城史志座谈会上讲话，说：1941年6月至1942年8月，我任中共潞城县委组织部部长，"像石圪节煤矿，还有宋村、西白兔、故县（村）啦，甚至黄碾我们都能进去"。（此佐证故县村属潞城黄碾镇，非屯留故县镇）。纪念贾俊同志《光彩永驻》书（山西人民出版社），载有此文。再，《长治地名典故》（中华书局出版），书中对故县村地名属屯留县提出"存疑待考"说。原《长治郊区志》（2002年1月印制，中华书局出版）沿革："黄碾镇计18个村，含故县村"抗战时期属潞城县四区、五区。

黎城四百六十人参军　潞城整排整班入伍

1945 年 8 月 27 日《新华日报》太行版

[本报消息] 黎潞两县掀起了空前未有的参军热潮。黎城在两天内，即有四百六十八名优秀男儿，正式参加八路军，完成原计划百分之九十。一区霞庄教员韩锡庚、二区教员张常烈、李克敏、一高同学三人，都投笔从戎。上桂花村长李恩声父子二人，携手参军。隆旺（龙王）六十老人刘道绪、路堡模范家长程长保，均亲自动员了自己的儿子参军。参军运动中，干部曾起了带头作用。如二区分委书记申长胜同志报名参军后，给各村翻印参军捷报，并亲笔给熟人写信，动员参军，又亲到任庄、桥沟一带动员，在他影响与动员下，参军的已有十八名。

潞城二区在二十日的干部会上，就有三十九个区村干部参军。神头的民兵听到扩大胜利军的消息后，就有三十二人集体入伍。四区李家庄村副，亲自带领七个民兵集体参军。六区格子网内也有二十几个青年参军。七区除六个干部参军外，已经编成一个班，现正在襄垣城附近活动。

（郭渭、路堡通讯组）

《新华日报》记者与潞城民兵报道轶事

潞城抗战根据地由于特殊的战略地位，中共北方局和八路军总部，以及中共太行四地委及太行第四军分区等重要机关，从抗战初期到抗战胜利，这些机关不间断地在这里出现。由此，抗战期间新华日报相关潞城的各类新闻报道近200篇。这里选个别特殊的人和稿件作为考释。

韩健秋（1918.12.15—1984.12.15），原名韩丹桂，曾用名孙健秋，笔名荒沙。山东省济南长清区人。1933年，在长清县立中学读书。1938年5月，在延安抗日军政大学任支部书记，同时在鲁迅艺术学院学习，是延安鲁艺文学院的首批学员。他同年底进入晋东南工作，在新华日报社担任记者、特派记者、编辑科长。主编了《中国人》周刊、《华北文化》，并兼任太行区文艺界协会总干事。后曾任中央东北局宣传部办公室副主任、东北文化教育委员会办公室主任。离休前任辽宁省文化局顾问。

抗战初，韩建秋用孙健秋之名。他是《新华日报》华北版署名写潞城抗战报道的最早记者之一。他作为随军记者，深入战区，深入农村，连续在《新华日报》华北版发表潞城抗战的消息。例如：1940年1月30日，（潞城）"比干岭之战"的通讯报道；再如：1940年2月9日，"潞城的生产合作社"通讯报道，及时将潞城抗战的动态在太行区宣传并延及全国。由此，他的名字最早留在了熟悉他的潞城抗战根据地人们心目中。

袁毓明（1915—1974），河北邢台市龙门人。22岁在北京进德中学毕业，1938年秋任太行一专署《冀西报》编辑，1939年冬调《新华日报》华北版、太行版任编辑。1946年春，进入晋冀鲁豫人民日报社工作，1948年夏，任新华社十八兵团野战分社社长，作为老资格的记者，也曾参加解放太原战役半年多的前线战地采访；1950年筹建《川北日报》等新闻机构；1952年任重庆《新华日报》总编辑；1954年夏，任北京《大公报》党组书记、总编辑。1957年到山西省文联工作，后被平反。

1945年秋，他在《新华日报》太行版上连续集中报道潞城抗战消息，成为抗战胜利时潞城人民心目中印象最深的新华日报记者。这些报道是：1945年11月6日，"潞城六区积极分子集会，总结经验打通思想"；同月26日，"潞城五万人民团结起来，反奸斗争普及百五十村"。1945年12月1日，"潞城东关租地户，酝酿进行减租"；同月11日，"潞城群英会上，众英雄感戴毛主席"；同月23日，"潞城扩干会总结新区群运，确定大力转入减租运动"；同月27日，"潞城辛安村组织起来生产，产量粮食超过耕三余一"。

抗战胜利后潞城县的各项工作喜人，领跑太行县区，袁毓明记者成为真正的舆论推手，由此，他也誉满太行！他由于工作突出，随即由太行区新华日报社转入晋冀鲁豫边区人民日报社工作。

附：《新华日报》华北版韩健秋报道选
　　《新华日报》太行版袁毓明报道选

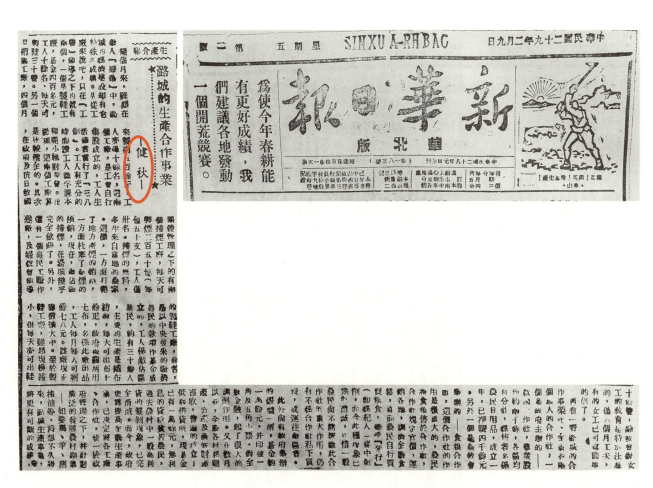

1940年2月9日《新华日报》华北版

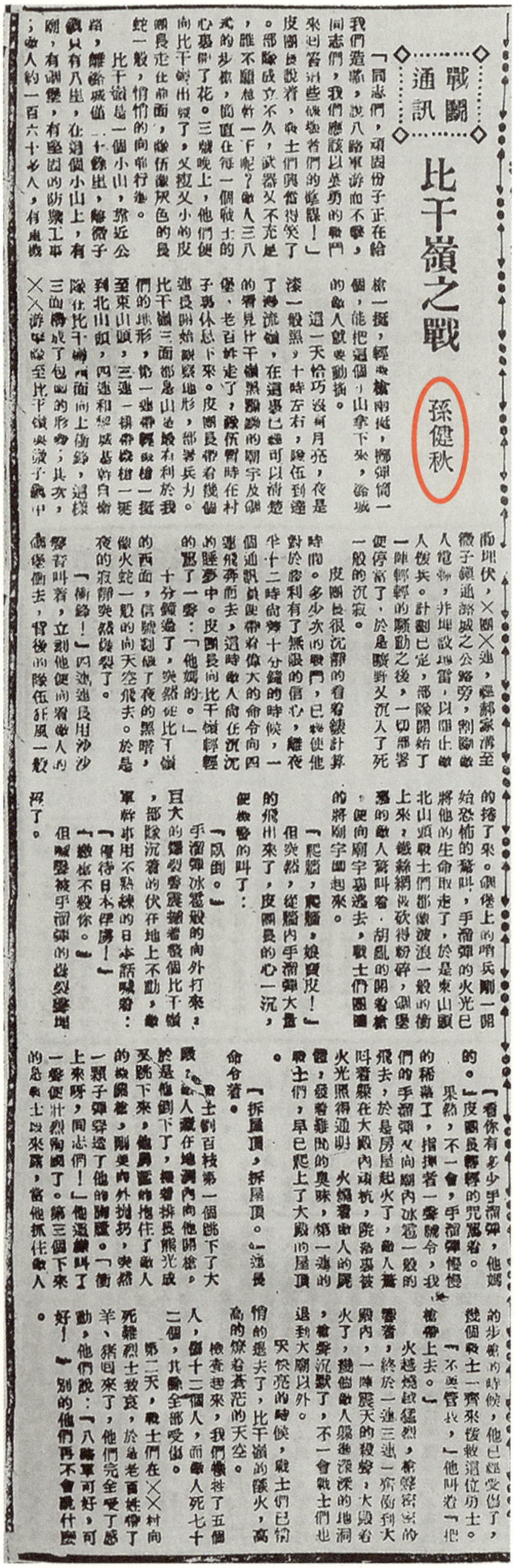

戰鬪通訊

比干嶺之戰

孫健秋

「同志們，頑固份子正在給我們造謠，說八路軍游而不擊，同志們，我們應該以英勇的戰鬥來回答這些頑強者們的膽怯！」皮團長說着，戰士們興奮得笑了。部隊成立不久，武器又不充足，誰不願想幹一下呢？敵人三八式的步槍，簡直在每一個戰士的心裏開了花。三號晚上，他們便向比干嶺出發了，又狹又小的皮團長走在前面，隊伍像灰色的長蛇一般，悄悄的向前行進。

比干嶺是一個小山，靠近公路，離游城僅十餘里，離微子鎮只有八里，在這個小山上，有廟，有碉堡，有堅固的防禦工事；敵人約一百六十多人，有重機槍一挺，輕機槍兩挺，擲彈筒一個，能把這個小山拿下來，游城的敵人就要動搖。

這一天恰巧沒有月亮，夜是漆一般黑，十時左右，隊伍到達了溝流邊，在這裏已經可以清楚的看見比干嶺黑黝黝的廟宇及碉堡，老百姓走了，隊伍暫時在村子裏休息下來。皮團長帶着幾個連長開始觀察地形，部署兵力。比干嶺三面都是山坡，有利於我們的地形，第一連帶輕機槍一挺至東山頭，三連一排帶機槍一挺到北山頭，四連和特務連自衛隊在比干嶺兩面向上衝鋒，這樣三面構成了包圍的形勢；其次，××游擊隊至比干嶺與微子鎮中面埋伏，×團×連，經郝家溝至微子鎮通游城之公路旁，割斷敵人電線，并埋設地雷，以阻止敵人援兵。計劃已定，部隊開始了一陣輕輕的騷動之後，一切部署便停當了，於是曠野又沉入了死一般的沉寂。

皮團長很沉靜的看着錶計算時間。多少次的戰鬥，已經使他對於勝利有了無限的信心，離夜半十二時尚差十分鐘的時候，一個通訊員便帶着偉大的命令向四連飛奔而去，這時敵人尚在沉沉的睡夢中。皮團長向比干嶺輕輕的罵了一聲：「他媽的。」

十分鐘過了，突然從比干嶺的西面，信號劃破了夜的黑暗，像火蛇一般的向天空飛去。於是夜的寂靜突然爆裂了。

「衝鋒！」四連連長用沙沙聲音叫着，立刻他便向着敵人的碉堡衝去，背後的隊伍狂風一般的捲了來。碉堡上的哨兵剛一開始恐怖的驚叫，手溜彈的火光已將他的生命取走了，於是東山頭北山頭戰士們都像波浪一般的衝上來，鐵絲網被砍得粉碎，碉堡裏的敵人驚叫着，胡亂的開着槍，便向廟宇裏逃去，戰士們團團的將廟宇圍起來。

「爬牆，爬牆，娘賣皮！」

但突然，從牆內手溜彈大量的飛出來了，皮團長的心一沉，便激憤的叫了：

「臥倒。」

手溜彈冰雹般的向外打來，巨大的爆裂聲震撼着整個比干嶺，部隊沉着的伏在地上不動，敵軍幹事用不熟練的日本話喊着：

「優待日本俘虜！」

「繳槍不殺你。」

但喊聲被手溜彈的爆裂聲埋沒了。

「看你有多少手溜彈，他媽的。」皮團長輕輕的咒駡着。

果然，不一會，手溜彈慢慢的稀落了，指揮着一聲號令，我們的手溜彈又向廟內冰雹一般的飛去，於是房屋起火了，敵人蒼叫着躲在大殿內頑抗，跳躍着火光照得通明，火燒着敵人的屍體，發着難聞的臭味，第一連的戰士們，早已爬上了大殿的屋頂。

「拆屋頂，拆屋頂。」連長命令着。

戰士劉百枝第一個跳下了大殿，敵人藏在牆洞內向他開槍，於是他倒下了，機槍排長熊光成又跳下來，他勇敢的抱住了敵人的機關槍，剛要向外拋扔，突然一顆子彈穿透了他的胸膛。「衝上來呀，同志們！」他還繼續叫了一聲便壯烈殉國了。第三個下來的是戰士段來露，當他抓住敵人的步槍的時候，他已經受傷了，幾個戰士一齊來援救這位勇士。

「不要管我，」他叫着「把槍帶上去。」

火越燒越猛烈，槍聲密密的響着，終於一連三連一齊衝到大殿內，一陣震天的殺聲，大殿着火了，幾個敵人躲進深深的地洞，槍聲沉默了，不一會戰士們也退到大廟以外。

天快亮的時候，戰士們已悄悄的退去了，比干嶺的餘火，高高的燎着蒼茫的天空。

檢查起來，我們犧牲了五個人，傷十二個人，而敵人死七十二個，其餘全部受傷。

第二天，戰士們在××村向死難烈士致哀，於是老百姓帶了羊、豬回來了，他們完全受了感動，他們說：「八路軍可好，可好！」別的他們再不會說什麼。

1940 年 1 月 30 日《新华日报》华北版

潞城羣英會上

眾英雄感戴毛主席

反對國民黨進攻，堅決保衛和平幸福時光。

【本報消息】潞城一百六十五位英雄模範，於上月二十三日召開勞模大會，新解放區勞動代表團四十人，亦赴會參觀。還天萬餘羣眾擁塞在城裏，以解放後高度愉快的心情，扮演各種紅火，慶祝開幕典禮，大家對功蹟卓著的各種英雄模範，寄以無限的愛戴。大會進行了七天，選出英雄模範黃小旦、楊仁科等七十餘名。並迪電毛主席朱總司令致敬，通電中說：「我們在毛主席組織起來的號召下，開展大規模生產運動，結果貧的變富，富的更富了。如南馬村今年全村作到了耕三餘一，貧農作到夠吃夠穿，經營富裕中農作到耕一餘一。石神頭村中農作到耕三餘一，富裕中農作到耕一餘一。石梁村婦女大都學會紡織，賺了五百多石小米。我們越覺得你是給我們謀利益的人，你是我們的好當家人！我們執行了朱總司令大進軍的命令，收繳了敵偽的武器，辦放了我們的家園，全縣老百姓得到了團圓，過着和平幸福的日月，我們現正在努力建設，醫好敵偽給予我們的傷痕。但狠心的國民黨反動派不讓我們好好的過幸福光景，進攻解放區，我們一定要給反動派（指反動派）拼命得你，好好生產，支援前綫，不讓反動派再拉到泥坑裏受罪。」大會另一個通電是給重慶反內戰協會的，通電中說：「我們正在重慶成立反內戰協會，呼籲各界罷工、罷課、罷市、制止內戰、反對美國武裝干涉中國內政，我們非常贊成，我們願意和你們站在一塊制止內戰，制止美國干涉中國內政，讓全國老百姓都能過着和平幸福的生活。」（鐵明）

1945 年 12 月 11 日《新华日报》华北版

太 南 访 问 记

1951 年 8 月 16 日，中央人民政府北方老根据地访问团晋冀鲁豫分团一部，在副团长王孝慈（原太南地委书记，时任中国铁路工会主席）带领下，带着毛主席给老根据地人民的亲笔题词："发扬革命传统，争取更大光荣"，由太原抵达长治开始访问。

8 月 17 日上午，地直和市直各界代表在军分区司令部举行欢迎大会。王孝慈和地委书记王谦先后在大会上讲话。

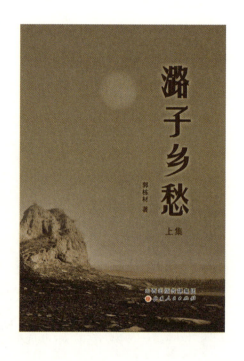

王孝慈讲："毛主席非常关怀老根据地人民，这是因为老根据地是中国人民革命的发源地，抗日战争的钢铁堡垒。晋冀鲁豫就是华北抗战的前沿阵地和战略支点之一。中国共产党就是依靠老根据地忠诚老实、勤劳勇敢的人民，组织了革命军队，训练了革命人才，聚集了革命力量，才取得今天革命的胜利。"

8 月 30 日下午，访问团抵达潞城。在潞城二高操场近万群众举行欢迎大会。县长武正之主持，王孝慈和县委书记王定谟先后在大会上讲话。

王孝慈讲："潞城是太南根据地的前沿阵地，抗战八年来，抗日军民同日军短兵相接，斗争极其残酷，牺牲和付出比周边县都多。"会后，王孝慈和贾俊[①]等接见了太行著名劳动模范刘聚宝和（全国民兵）杀敌英雄黄小旦。

8 月 31 日上午，访问团分两路抵黎城县访问。一路由王孝慈、贾俊等改乘小汽车，专程经潞城县抗战根据地石梁村，向这里的乡亲们和由太行四地委、太行第四军分区主导建立的民兵烈士亭道别；另一路经潞河渡口抵黎。

（此资料选摘郭栋材同志著《潞子乡愁》上集 138 页的 "太南访问记"）

---

①贾俊（1917.12—1989.12），1941 年 6 月至 1942 年 8 月在石梁工作，原中共潞城县委组织部长，时任长治地委副书记兼组织部长。离休前为中共山西省委常委，书记，中共山西省顾问委员会主任。

王俊科父子见证烈士亭始末

　　王俊科（1921.12.8—1983.12），山西潞城县黄牛蹄村人，离休干部。1939年担任潞城县青年救国会干事，时任青年救国会主席是武天祥[①]；1942年担任潞城县农救会干事，时任农救会主席是王垦[②]；1944年参与集资创办潞城县文化合作社（即类似今文化馆或新华书店）。抗战期间，王俊科在石梁村工作四年。1968年再次回

前排右一为王俊科　　摄于1946年6月26日

①武天祥，长治县人。曾任潞城县青救会主席，离休前任山西省水利厅副厅长。
②王垦（1921—1997），潞城西村人。曾任潞城县青救会主席、农会主席、县武委会副主任、晋冀鲁豫边区潞城县参议员，潞城县副县长，河南省民族事务委员会处长。

1945 年春王俊科书写"烈士亭"

王文斌
摄于 2023 年 6 月 11 日王文斌宅

到石梁乡人民公社任职副主任、主任、核心组组长，1970 年底因劳累偏瘫病倒在石梁乡人民公社主任的岗位上，时年仅 50 岁，将青春和人生献给了石梁这片热土。其先后在石梁工作达 6 年之久，对潞城县民兵烈士纪念亭记忆犹深。

1971 年底至 1972 年春节后，王俊科在治疗偏瘫过程中，先后得到了原中共晋东南地委副书记王林堂、全国劳动模范、山西省革命委员会副主任李顺达、山西省委秘书长史纪言、省民政厅副厅长尹伊等老战友的关怀和帮助。

王俊科遗物（民国三十八年七月二十八日《新华日报》，用作"二度梅"小说封皮）

王俊科在省城工农兵医院（今太原省眼科医院）治疗期间，王俊科次子王文斌[1]，受省史领导纪言的委托，专门接送与其父同病室的老战友尹伊（抗战期间在石梁根据地工作，担任承审科和司法科科长，尹也患偏瘫）到省厅级干部学习班学习（地点：太原中级人民法院），接送时间达半个月之久。

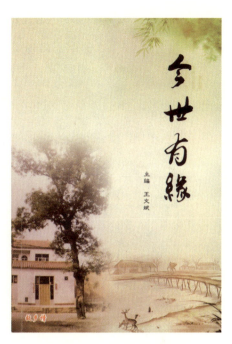

王文斌著《今世有缘》

在长达三个月的陪侍父亲看病期间，史纪言、尹伊等老领导和其父，都对王文斌谈到过潞城县民兵烈士亭的建设经过，讲到过鲁艺工作者为烈士亭碑设计刻画的事，讲到过《新华日报》记者帮助撰稿纪念碑文的事，很可惜没留心记住具体某人，只记得"烈士亭"三个字是其父王俊科亲笔所书。

王文斌印象最深的记忆还有，在史纪言太原市后小河领导家属院里，老领导热情接待了他，畅谈自己在抗战时期担任《新华日报》社长期间，多次到潞城县抗战根据地石梁村的经历。交谈时间约三个小时。老领导让他抽了三支太原卷烟厂新研发的带嘴大光烟，烟系铁盒包装，铁盒盖上印制有梁山伯与祝英台油画。老领导客厅悬挂有20世纪50年代山西省代表团访苏联集体农庄合影的照片，也印象深刻。

王文斌提供资料整理

2023年6月11日

---

[1] 王文斌（1945.12.5—），王俊科次子，退休前为潞城市邮电局办公室主任。2015年7月，王文斌撰写有《今世有缘》一书，其提供资料内容可查该书第4页记载。

王俊科逸事。1961年10月20日—12月26日，中央政策研究室主任田家英（毛泽东主席秘书）带领中央农村政策研究室、中央农村政治工作部及《人民日报》和《红旗》杂志编辑部等一行共27人，在王俊科任职潞城县魏家庄人民公社党委书记期间，进行调查研究计40余天。临别时，田家英主任和晋东南地委书记赵军（曾任抗战时期潞城县民政科长和人民政府县长）给予了王俊科很好的评价："好干部、好同志。"

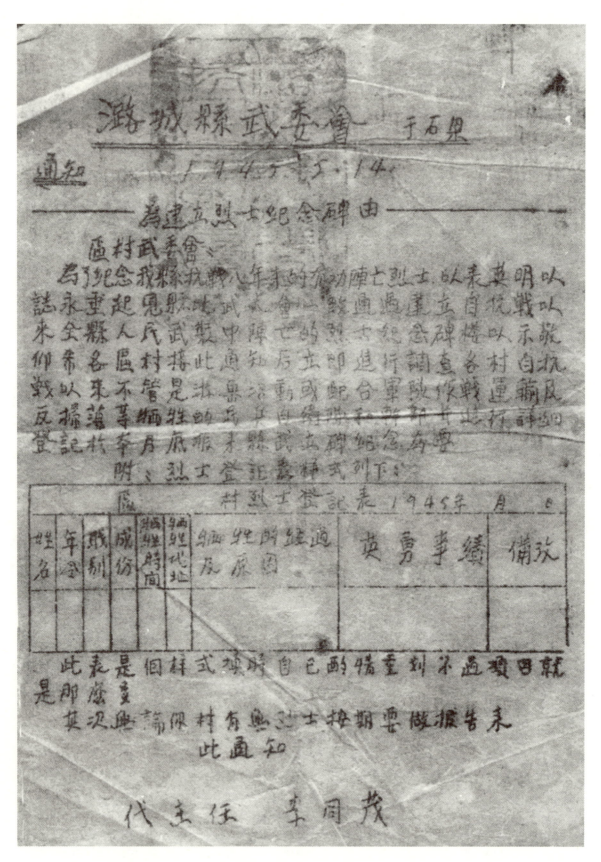

1945 年 5 月 14 日潞城县武委会签发建立纪念亭（碑）的通知

潞城县武委会 于石梁

通知 1945.5.14

——— 为建立烈士纪念碑由 ———

区村武委会：

为了纪念我县抗战八年来的有功阵亡烈士，以表英明，以志永垂起见，县比武大会一致通过建立自抗战以来全县人民武装中阵亡的烈士纪念碑楼（亭），以示敬仰。希各区村接此通知后，立即进行调查各村自抗战以来，不管是游击活动或配合军队作战、运输及反扫荡等牺牲的民兵、自卫队和干部并进行详细登记，于本月底报来县武立碑纪念为要。

附：烈士登记表样式列下：

区					村 烈 士 登 记 表	1945 年 月 日	
姓名	年龄	职别	成份	牺牲时间	牺牲地址	牺牲的经过及原因	英勇事绩	备 考

此表是个样式，填时自己酌情重划，不过项目就是那么多。

其次无论你村有无烈士按期要做报告来

此通知

代主任：李同茂

附：

见证人李同茂

李同茂（1919—1989.9），山西高平县西南庄村人。1938 年在河北民军冀鲁豫边区军政干部学校学习。1939 年任高平县青救会青年武装部长，同年加入中国共产党。1940 年 9 月至 1943 年 10 月在太南区平顺县青年救国会工作，任青抗先大队长。1943 年 11 月至 1944 年 10 月在太南分区武装会任组织干事。

1944 年 11 月至 1947 年 6 月任潞城县武委会参谋、副主任、主任等职务。1945 年 4 月至 8 月，他具体组织和指导"潞城县民兵烈士纪念亭"的建造和实施。

1947 年 7 月至 1948 年 6 月任太行军区第三分区（长治）军事部部长。1948 年 6 月至 12 月去平山党校学习。1949 年 5 月调入北京任永定门外十五区副区长。

新中国成立后任北京市劳动局副局长。1982 年离休。1989 年 9 月去世。

见证人史子政

史子政又名史文龙，潞城合室乡赤圪倒村人。抗战时期，任潞城四区区长，离休前任昆明军区空军后勤部政委。1992 年 7 月 9 日回忆记载：

"潞城县（石梁）民兵烈士纪念亭建立的时间，应是 1945 年 4 月。我记得，在揭幕前，先进行民兵杀敌英雄代表会，刘三年没有去，是我带四区一些代表参加的。会上，除选李岐鸣、黄小旦、刘三年，还有七区 1 人（名字忘了）为全县民兵杀敌英雄外，还进行了实弹射击、投弹比赛。揭幕会上县武委会主任卜虹云、副主任李同茂先后讲了话。"

青玉案
潞城烈士亭

（1985 年 10 月 12 日）

柳　村 [①]

金瓯铸就怀先烈，

生死战，八年月，

我胜敌降争斗决。

感君捐命，

感君流血，

历史添馨页。

音容美貌犹昨阅，

万水千山共悲切。

壮丽驱躬为众灭。

豪情坚志，

大同思想，

万古流芳晔。

---

① 柳村：河北蠡县人。抗日战争期间，曾为《新华日报》华北版、太行版记者、编辑。在该报报道潞城消息分别有：1944 年 7 月 21 日，"潞城夏收斗争第一阶段胜利结束，进一步保卫敌占区粮食"的长篇通讯；1945 年 6 月 9 日，"黎、潞种棉超过计划，各地开始扶苗除虫"的动态消息；1945 年 11 月 26 日，潞城六区"高家庄诉苦运动走向普遍高涨"的动态消息。1945 年 9 月任中共潞城五区、六区区委书记。新中国成立后在中央组织部工作，离休前为中央组织部宣教局正局级顾问。

七 律
故 地 重 游

（1987 年 6 月 16 日）

李 微①

千里驱车赴太行，

万端思绪绕衷肠，

新颜乍见眼缭乱，

旧事重提话说长。

石梁②收麦人空巷，

北村③炼焦百家忙，

潞城翻番旗开胜，

古稀老人喜欲狂。

---

①李微（1916.1—2009.10.19），河南鄢城人，1943 年 3 月至 1945 年 8 月任潞城县抗日民主政府民教科科长。其中，1944 年 1 月至 8 月代理抗日民主政府县长。离休前任安徽省农学院皖北分院党委书记等职，副省级待遇。

②石梁：潞城县民兵烈士亭建立所在地。

③北村：潞城县八路军总部、中共中央北方局及鲁迅艺术学院——晋东南木刻分院所在地。

亭、碑文化比较

潞城县民兵烈士亭顶部截图上有六个齿轮图形

中国人民政治协商会议会徽第四稿设计图案^①（齿轮中上端）

---

①张仃（1917.5.19—2010.2.21），男，号它山，辽宁北镇县黑山人。1938年赴延安，任教于鲁迅艺术学院。1949年新中国成立前夕，由张仃、周令钊（1919.5.2—2023.1.3）两位著名画家合作设计的中国人民政治协商会议会徽图稿，将寓意工人阶级领导的"齿轮"图案，设计在了会徽的突出位置，得到毛泽东、周恩来的重视和认可。

　　鲁迅艺术学院的木刻专家受延安校院旧址和留学欧洲（苏联等）的影响，将中欧建筑理念首先融入抗战太行根据地，由此仿欧建筑盛行于那个年代。1945年春建立的潞城县民兵烈士亭、1952年春建立的潞城县人民大礼堂，就是最好的见证。

　　潞城县人民大礼堂，修建于1950年，建成于1952年。时为晋东南地区最大的仿苏式建筑。人民大礼堂上端装饰的中国人民政治协商会议会徽，与潞城县民兵烈士亭顶部齿轮相呼应。

1958 年 4 月 22 日北京天安门广场建立的人民英雄纪念碑

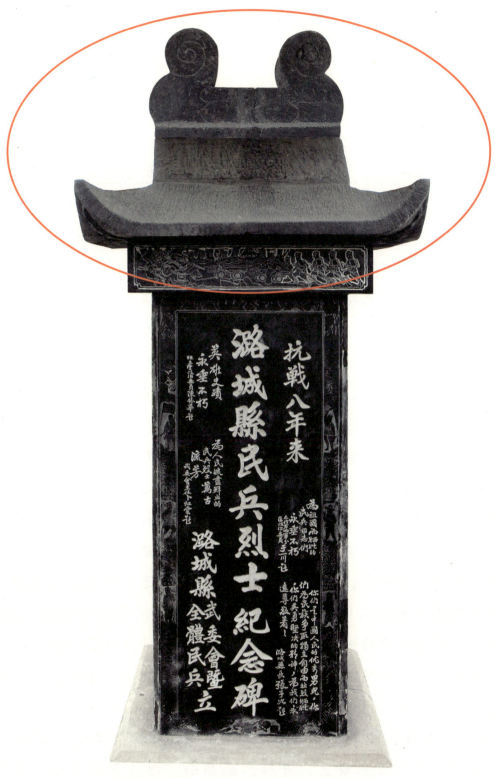

1945 年 8 月抗日战争潞城县民兵烈士纪念碑

注：其碑顶风格为单檐庑殿顶，与北京天安门广场人民英雄纪念碑碑顶设计大体相似。同为四方形碑体功德碑，同为单檐庑殿顶设计风格，只是在规模上不同而已。碑基基础为两级阶梯。潞城纪念碑原碑基底座为两级安装，高度 0.9 米，后基座被抛弃。

潞城县民兵烈士纪念碑碑文 ①

溯自民国二十六年七七事变起，日本帝国主义强占中国迄今八年之久。在八年中，我潞城人民经过了抗日发动、敌顽夹击、群众运动三个时期，经过无数艰难困苦，蒙受重大牺牲，迂回曲折、不屈不挠的斗争，直到今天抗战行将胜利，把日本侵略者赶出潞城的日子就在眼前。看到胜利前途，想起斗争史迹，怀念起斗争中英勇牺牲者民兵烈士。

一九三八年，日寇九路围攻晋东南，国民党军队仓皇败退，溃不成军，遗弃人民，向南跑掉。多年受封建统治的人民，还没发动，没有民兵，三两敌人东冲西闯，多数群众四散逃生。共产党、八路军开入华北，伸展太行，神头大战，敌尸狼藉。敌人胆寒，群众兴奋。此后，人民懂得敌人并不像国民党军队所想象的那样可怕。九路围攻被粉碎后，在共产党、八路军帮助下，各地纷纷组织自卫队，准备新的斗争，人民开始懂得了游击战争。〔一九〕三九年七月七日，敌人铁蹄再度踏进潞城。各地燃起了游击战争之火，游击小组活跃，一时群众拥护，敌人忿恨。由于抗日发动，人民力量增长。一退千里夹尾而逃的反动派又叫嚣着向人民收复失地，发动十二月政变，潞城人民遭受敌顽夹击。敌人、汉奸、封建势力结合，向人民进攻。那时群众还没有很好地发动，被迫应付这一严重局面。整个潞城在敌顽策动下，仅七个村庄没有维持。敌人猖獗，特务疯狂，县政府四次被围，干部群众蒙受重大牺牲，仅上村杨家坟②一处被敌人残杀十三人，石梁被抢牲口五十余头。这时人民武装在此严重局面下，民兵开始建立，不屈不挠的坚持着斗争。

〔一九〕四二年，中共中央土地政策颁布，正打中潞城严重局面，群众运动猛烈开展，打退敌顽夹击，开辟新的局面，维持会被摧垮，根据地扩大了，民兵组织日益发展，人民武装力量更加壮大，紧接着一连串的反奸坦白运

---

①此碑文应为《新华日报》记者（佚名）帮助撰稿。
②此地名有误，应为石梁村杨家坟。

动、生产减租运动、训练民主运动。在运动中，民兵政治质量、军事技术更加提高。民兵建立以来，和军队配合，进行了胜利的对敌斗争，开展麻雀战，布置地雷网，进行政治攻势，保卫夏收秋收，粉碎了敌人〔一九〕四二年十月、〔一九〕四三年二月五日、〔一九〕四四年九月的大"扫荡"及无数次小"扫荡"，保卫了自己的家乡。坚持边地斗争，保卫群众利益，边地民兵与敌人进行了无数次反蚕食掠夺，反抢粮拉丁，反维护支差等残酷的英勇流血的斗争，粉碎了敌人烧光、杀光、抢光的"三光"政策。从民兵建立迄〔一九〕四五年六月底止，民兵单独与配合战斗即达三千二百余次，参战人数三万二千余名，毙俘伤敌、伪、奸在四百八十名以上，缴获武器弹药物质资财更难统计。参加了无数次破击，仅〔一九〕四五年夏大破白晋路之役，参加民兵、自卫队即达一万余人。在斗争中涌现出大批杀敌英雄和能手。在斗争中，一百余个民兵、自卫队烈士们，为人民利益流尽了他们最后一滴血。

八个年头的斗争，锻炼了潞城人民，锻炼了潞城人民武装，潞城即将收复，人民即将胜利。这胜利的代价是共产党、八路军，是县区干部、民兵和自卫队的鲜血换来的。我们想到的胜利，也就想到先烈的血迹。民兵烈士们：安息吧！千百万人将继承你们的遗志，踏着你们的血迹前进！胜利是我们的！你们的事业已铭之金石，**永垂不朽**！

潞城县武委会暨全体民兵

中华民国三十四年八月　立

---

①此碑文开端为"溯自民国二十六年……"结尾为"你们的事业已铭之金石，永垂不朽！"与人民英雄纪念碑第三段开端为"上溯自一千八百四十年……"结尾为"在历次斗争中牺牲的人民英雄们永垂不朽！"文体相似。

附：人民英雄纪念碑碑文

人民英雄紀念碑

三年以来在人民解放战争和人民革命中牺牲的人民英雄們永垂不朽

三十年以来在人民解放战争和人民革命中牺牲的人民英雄們永垂不朽

由此上溯到一千八百四十年从那時起为了反对内外敌人争取民族独立和人民自由幸福在歷次鬥爭中牺牲的人民英雄們永垂不朽

一九四九年九月三十日

中国人民政治協商会議第一届全体会議建立

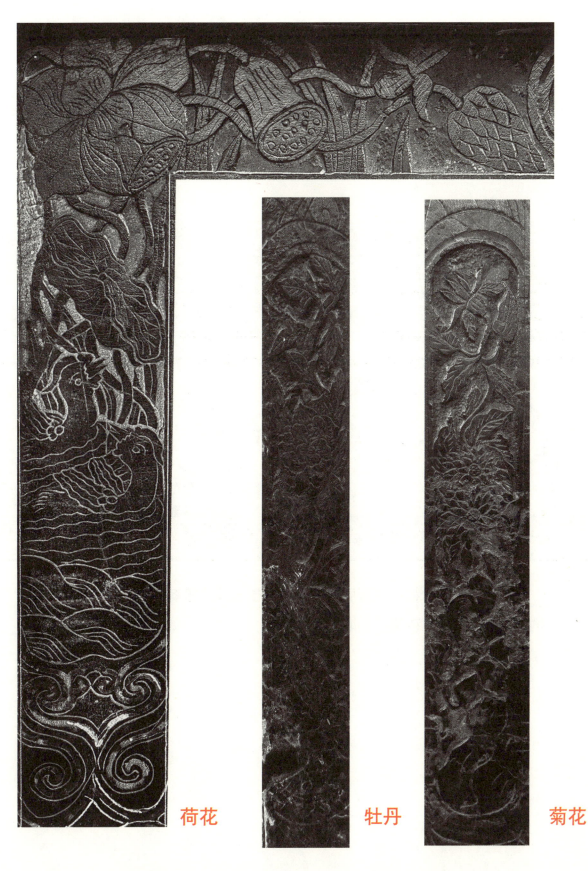

荷花　牡丹　菊花

潞城县民兵烈士碑周边所刻的荷花、牡丹、菊花等图案

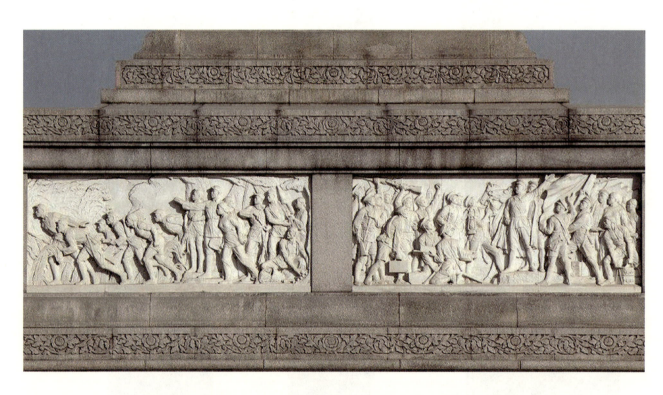

　　人民英雄纪念碑上下两层须弥座由林徽因设计图案，上层小须弥座的四面刻有牡丹、荷花、菊花等图纹。

太行第四军分区、太（行）南交通局及潞城县抗战根据地驻地掠影

太行第四军分区首长驻地石梁旧址

2020 年 6 月　张树平　摄

《新华日报》推销处、太（行）南交通局（中共潞城县委机关）石梁旧址

2020 年 6 月　张树平　摄

潞城县抗日民主政府机关石梁旧址

2020 年 6 月　张树平　摄

潞城县武装工作委员会石梁旧址

2020 年 6 月　张树平　摄

寻访记事

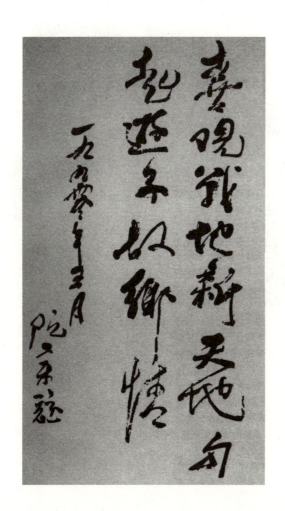

喜观战地新天地
勾起游子故乡情
一九九零年五月
阮章竞 题

1962年3月，赵军①（右四）、史纪言②（右二）、黄石山③（右三）等寻访烈士亭并在潞城县石梁村北邯长公路石梁钢桥留影。

照片提供：赵军女赵鸿燕

①赵　军，原任潞城县抗日民主政府民政科科长、潞城县人民政府县长，后任山西省人民政府副省长。
②史纪言，原任《新华日报》社长兼总编辑，后任中共山西省委宣传部部长、《山西日报》社长兼总编辑。
③黄石山，原任山西省高级人民法院院长。

　　1982年7月21日，傅甲三[①]拜谒潞城县民兵烈士亭后，在《新华日报》
推销处旧址留影。

左起：常俊明、申汝良、张栓富、傅甲三、申宽良

------

　　①傅甲三（1914.10.1—2010.2.25），山西绛县人。1942年6月至1944年10月任潞城县抗日人民政府县长，后任太行第
四军分区政治部敌工站站长。1955年被授予上校军衔。离休前任中国科学院南京紫金天文台党委书记等职。

2020 年 12 月 19 日，太行区交通局（邮政）局长兼潞城县抗日民主政府县长张予如的女儿张帆（左一）、儿媳芦玉洁（右一），专程来潞城县民兵烈士纪念碑亭拜谒。

2020 年 11 月 19 日，摄于石梁村抗战八年潞城县民兵烈士纪念碑亭前

左起：申软勤（石梁村委主任）、□□□、杨晓姗（辛安泉镇党委书记）、张树平（潞城区关工委主任）、

张　帆（抗战时期，太行交通局局长兼抗日民主政府县长张予如的女儿）、

高岸玲（抗战时期，中共潞城县委宣传部部长、代理县委书记高仲雨大女儿）、

芦玉洁（张予如儿媳）、石海松（石梁村党支部书记）

2020 年 12 月 31 日，太行区交通局（邮政）局长兼潞城县抗日民主政府县长张予如的女儿张帆与女婿安德天再次专程来潞城县民兵烈士纪念碑前拜谒。

2020 年 12 月 31 日，石梁村民兵烈士路软枝儿子路安根，在潞城县民兵烈士纪念碑前，为张帆夫妇介绍太行区交通局（邮政）局长兼潞城县抗日民主政府县长张予如组织抗战时的故事。

左起：安德天、路安根、□□□、张树平、张帆

2021 年 4 月 4 日，摄于石梁村潞城县民兵烈士纪念碑亭前

左起：李一帆（辛安泉镇镇长）、王建国（区关工委副主任）、张树梅（赵军①外甥妻）、

刘　婷（赵军外甥女）、李中心（赵红兵妻）、赵红兵（赵军次子）、

赵鸿燕（抗战时期，潞城县抗日民主政府民政科科长、县长赵军三女儿）、

赵　援（赵军长子）、张树平（潞城区关工委主任）、杨晓姗（辛安泉镇党委书记）、

薛满春（区市场管理局局长）

---

① 赵军，原任潞城县抗日民主政府民政科长、潞城县人民政府县长，后任山西省人民政府副省长。

2023 年 5 月 12 日，摄于石梁村潞城县民兵烈士纪念碑亭前

左起：杨晓姗（辛安泉镇党委书记）、刘建朝（山西省书法教育研究会副会长）、
张铁锁（山西省关工委常务副主任）、张树平（潞城区关工委主任）

2023 年 5 月 27 日，摄于石梁村潞城县民兵烈士纪念碑亭

左起：张　超（潞城区党史办主任）、张树平（区关工委主任）、阮援朝（鲁艺学院阮章竞[①]女儿）

路安根（民兵烈士路软枝子）、丁丙辰（阮援朝爱人）、魏　平（魏巍[②]二女儿）

石海松（辛安泉镇副镇长）

---

　　①阮章竞（1914.1.31—2000.2.12），曾用名洪荒，广东香山县沙溪区象角村人。抗战期间，曾任八路军太行山剧团指导员、团长；前方鲁艺教员，晋冀鲁豫边区文联戏剧部长。后任中共中央华北局宣传部文艺处长、副秘书长；中国作协第一至四届理事，第五届顾问。1938 年，作为战地随军记者，著有《神头岭》一书，创作有鲁艺木刻画彭德怀肖像作品。

　　②魏巍（1920.3.6—2008.8.24），河南郑州人。原名魏鸿杰，曾用笔名红杨树。中国当代作家、诗人。1938 年毕业于延安抗日军政大学。1951 年 4 月 11 日，在《人民日报》刊登通讯《谁是最可爱的人》，在全国引起广泛影响。曾任团政委、总政创作室副主任、《解放军文艺》副主编、北京军区文化部部长、军区政治部顾问。

2023 年 8 月 15 日，摄于石梁村潞城县民兵烈士纪念碑亭

左起：张　超（潞城区党史办主任）、杨晓姗（辛安泉镇党委书记）、
　　　何　浩（中国社科院文学所研究员）、朱建国（《天津师范大学学报（社科版）》副主编）、
　　　韩叮咚（中国传媒大学马克思主义学院讲师）、张树平（潞城区关工委主任）、
　　　王元周（北京大学历史学系教授）、姜向东（山西太行干部学院副院长）、
　　　罗海燕（天津社科院文学所副所长）、周维东（《四川大学学报（哲学社会科学版）》常务副主编）、
　　　李志宏（中国延安精神研究会会员、中国延安鲁艺校友会理事）、桂青振（石梁村党总支书记）

　　注：2023 年 8 月 15 日下午，"共产党领导下太行文化抗战"联合调研暨"延安文脉传承与发展"研讨会相关人员，莅临此处调研并纪念抗日战争胜利 78 周年留影。
　　此调研团主办单位，由天津市解放区文学研究院、山西省太行干部学院联合组成。调研始于 2023 年 8 月 12 日，止于 2023 年 8 月 17 日，5 天时间。先后赴晋城、长治、晋中三市，阳城、陵川、潞州、潞城、黎城、武乡、左权八县区调研。潞城县民兵烈士亭是第三天的调研行程。

传承与发展

从太行第四军分区、太行四地委主导，由潞城县武委会暨全体民兵在石梁村旧址建立"抗战八年来，潞城县民兵烈士纪念碑（亭）"（1945年8月26日），到潞城参议会在八路军上党战役指挥部黄碾镇旧址建立"四八烈士纪念碑祠"（1946年7月1日），再到潞城县参议会率全县人民在潞城县城南建立"潞城县八年抗战殉难烈士纪念碑（亭）"（1946年9月18日，为潞城县城解放一周年），这些纪念物上均体现了鲁艺文化工作者用自己的艺术作品，尽情表达了对烈士们的敬仰之情。同时，鲁艺工作者们歌颂人民大众的艺术手法也得以传承和发展，彰显了那个时代的独特文化特性。

原山西潞城五区故县
抗日战争一周年纪念塔（1938年11月建）
十八集团军司令部建
朱德 题字
2023年2月2日摄

四八烈士纪念碑概况

　　1946年7月1日，为纪念"四八烈士"①，潞城县人民政府在潞城四区的黄碾镇安居村村东河神庙的正殿内建立纪念碑。殿内立石碑三幢，右碑为潞城县县长赵军撰写的碑文，中碑是王若飞、秦邦宪生平，左碑是邓发、叶挺、黄齐生的生平。在安居村建立纪念碑，与1945年9月上党战役指挥所在该村设立相关联。

　　这三幢碑，引用了1945年8月在潞城抗战根据地石梁村建立的"潞城县民兵烈士纪念碑"的图案设计理念，人物主题和部分图案颇为相似，石碑沿图案也极为相似，体现了延安鲁讯文艺脉络的传承与发展。

　　这三幢碑，碑顶部为半圆弧形，中间碑比两边碑略高、宽、厚点。其中，中间碑，通高2.14米，宽0.67米，厚0.26米；两侧碑，通高2.12米，宽0.65米，厚0.25米。

　　这三幢碑的顶部下端横幅画有各种图案。顶部共计铭刻大型刻画3幅，碑沿宽0.08米、长0.25米，铭刻人物肖像16幅，其他动物、植物、花卉18幅，计37幅。碑沿为蔓草、万字不断头连接，长度计达15米。

　　其中：中间碑上端铭刻有太行山场景图，刻有保护根据地的人物刻画。"三民兵持枪交通要口，查捉奸细"，并铭刻有"山口大路""老根据地"字样。下端横刻三组画：战士、民兵及群众儿童。其中：两侧各5人，中间6人，计16人的场景图。场景图中间有"群众民兵儿童，男女分工开会"字样的牌匾图案一块。在碑的两侧沿各刻画有4幅人物图和3幅吉祥图案，计14幅。具体是：右侧依序为"劳动农民最光荣""秋菊图案""生产委员与战士拉手""深谷幽香""生产要起模范作用""山石牡丹""纺织厂""妇女劳动有吃穿呢"；左侧

---

　　①1946年4月8日，王若飞、秦邦宪等中国共产党代表，参加完在重庆举行的中国政治协商会议与国民党进行和平谈判后，与叶挺、邓发一起乘飞机返回延安向中共中央汇报情况，飞机在山西省兴县黑茶山失事坠毁，机上人员全部遇难。史称"四八烈士"。

依序为"儿童劳动起作用""英雄气节""战斗民兵与生产结合起来""喜鹊登梅""模范组长要生产起来了""松鹤图案""互助组""妇女生产劳动英雄"。

右侧碑上端铭刻"凤凰戏牡丹"刻画。下端横幅由万字符与"一人捉汉奸"5人组成场景图。碑沿右侧刻有"地瓜旦""多种地瓜渡灾荒""狼尾巴谷子";左侧刻有"金黄后""此种耕三余一年""好棉花""发展棉花要扩大"图样。

左侧碑上端铭刻"鹿鹤同春"刻画。下端横幅由万字符与"富贵牡丹"组成场景图。碑沿右侧刻有"劳动农民""英雄战士";左侧刻有"民兵战士""□□□□□"。

为便鉴赏,特将三幢碑文石刻画附注如下:

王若飞祠　摄于2023年8月22日

（左）邓发、叶挺、黄齐生纪念碑
（中）王若飞、秦邦宪纪念碑
（右）潞城县县长赵军撰文碑

摄于2023年8月22日

原潞城县县长赵军 ① 撰写的碑文

四八烈士永垂不朽

在八年的抗日战争中，中国人民艰苦奋斗流血牺牲，终于民国三十四年八月十日，战败了日本帝国主义，全国人民正渴望着和平民主的时候，不料国民党反动派不顾人民的痛苦，不但不给人民民主自由，反以大规模内战企图维持独裁，永远统治全国人民，使全国人民又陷于内战灾难中。在共产党及全国人民的要求与压力之下，两党签订了停战协定、整军方案、召开政治协商会议，通过了中国民主化的各项决议，可是国民党反动派不但不执行以上协定和协议，反而召开了二中全会，发动了无数的反苏反共反人民文件决议，破坏这些协定。

为了坚持三大协定，为了与中共中央商讨坚持三大协定的办法，王若飞等同志于四月八日冒恶劣

---

①赵军，曾为延安抗日军政大学学员，曾任潞城县抗日民主政府民教科科长、潞城县人民政府县长，离休前任山西省人民政府副省长。

中共中央悲痛宣佈

王若飛同志等遇難

乘美機由渝飛延中途撞山失事

【新華社延安十一日電】中國共產黨中央委員會以極大的悲痛宣佈：中共中央委員王若飛同志、秦邦憲同志、中共中央職工委員會書記鄧發同志、新四軍軍長葉挺同志、葉挺同志的夫人及男女公子二人、貴州老教育家黃齊生先生、十八集團軍參謀李少華同志、彭踊左同志及隨員魏萬吉同志、趙登俊同志、高琼同志（女）及美國駕駛員關上尉等十四人，於本月八日，乘美機由重慶飛延安途中，因飛機迷失道路，於下午二時左右，在晉西北興縣東南八十里的黑茶山遇霧，撞山焚燬，全部遇難。

选自《新华日报》太行版

1946年4月14日一版

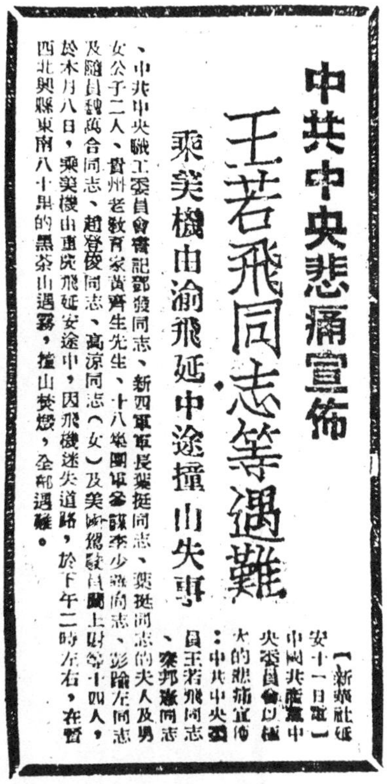

的天气，由重庆乘飞机飞延安遇不幸于兴县东南八十里的黑茶山，撞山焚毁，王若飞等同志因此遇难。

如果没有中国法西斯反动派的企图破坏三大协定，那么王若飞等同志就不需要这番飞行，可是中国法西斯派存心不要中国和平与民主，就迫得王若飞等同志作了和平民主伟大的殉难者。

王若飞等同志的死，是中国共产党和中国人民莫大的损失，潞城人民听到这个消息后，无不悲痛，但是我们要把悲痛变为力量，知他们是为什么而死的，我们就必须实现什么来回答他们，作为对他们永远的纪念。

我潞城县参议会成立的时候，听到了四八死难烈士的消息，为了纪念王若飞等同志的遇难，除在参议会上举行追悼大会外，并决议将黄碾之大石桥改名为若飞桥，在桥之西端改筑一烈士祠，并将四八诸烈士之略历列于后，以铭千古。

潞城县县长　赵军　谨撰

民国三十五年七月一日　立

三幢碑帽图案

"严查奸细"图。图上有"山口大路""老根据地"等字样 横幅为"军民同庆"图案

"凤凰戏牡丹"图 图 横幅为 "一人捉汉奸"图案

"鹿鹤同春"图 图横幅为 "富贵牡丹"图

王若飞　秦邦宪纪念碑人物图案

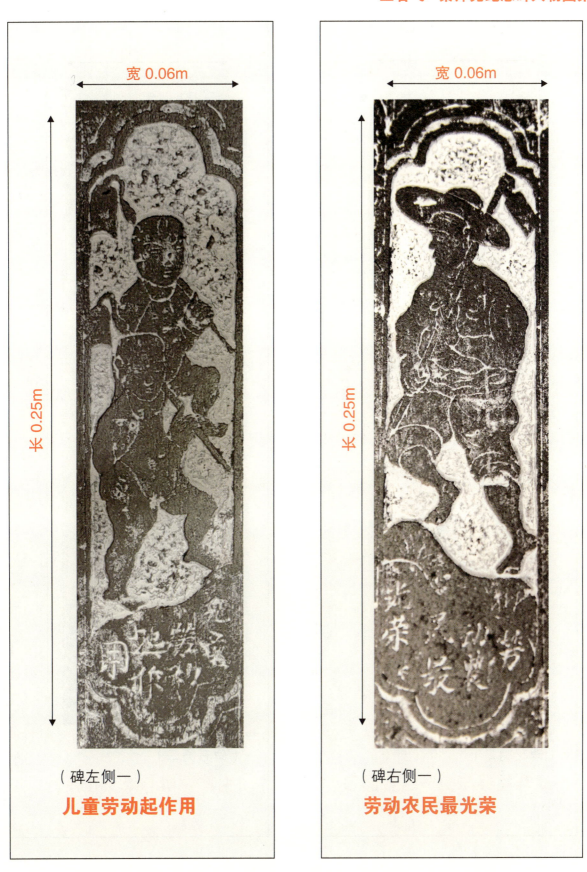

宽 0.06m

长 0.25m

（碑左侧一）

儿童劳动起作用

宽 0.06m

长 0.25m

（碑右侧一）

劳动农民最光荣

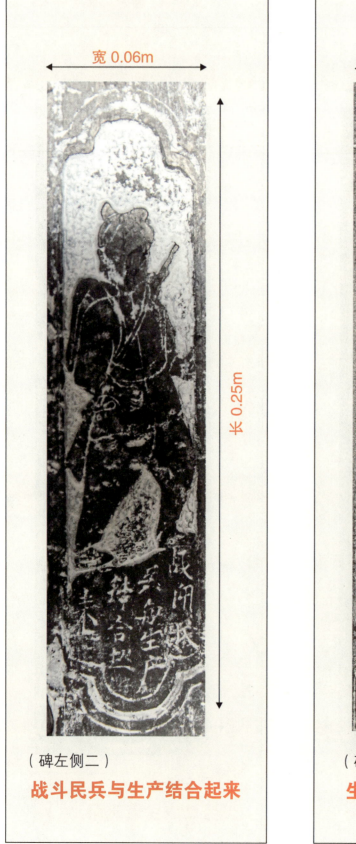

宽 0.06m

长 0.25m

（碑左侧二）

战斗民兵与生产结合起来

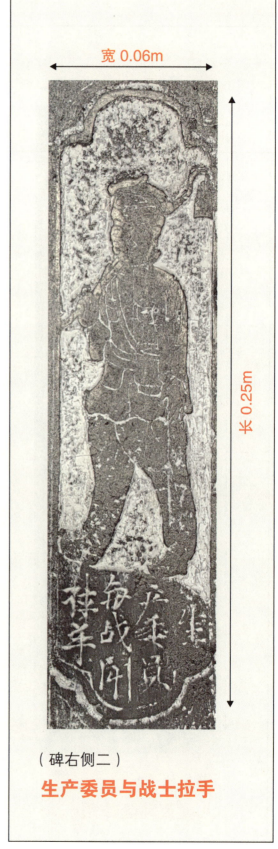

宽 0.06m

长 0.25m

（碑右侧二）

生产委员与战士拉手

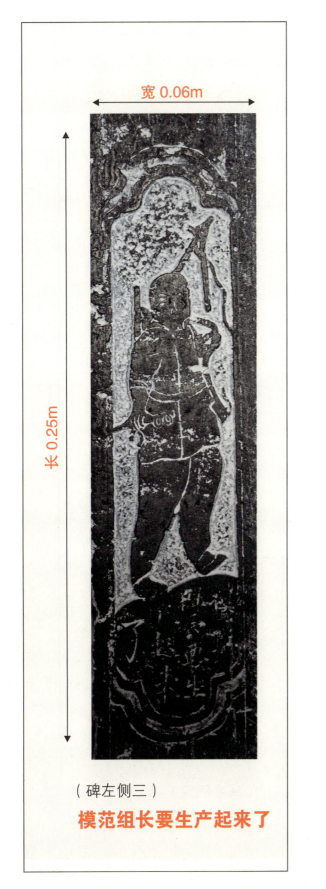

宽 0.06m

长 0.25m

（碑左侧三）

模范组长要生产起来了

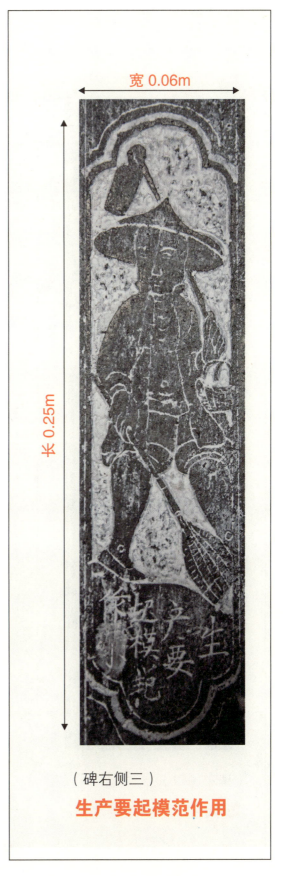

宽 0.06m

长 0.25m

（碑右侧三）

生产要起模范作用

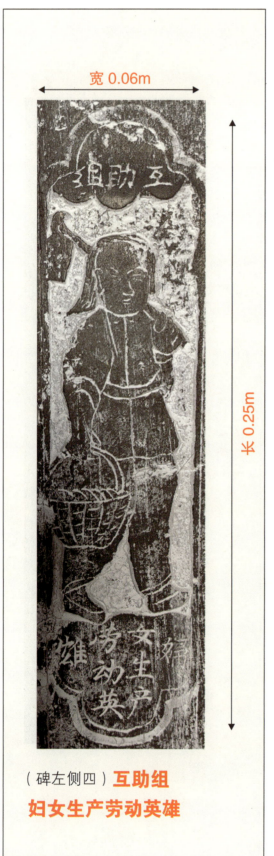

（碑左侧四）**互助组**
妇女生产劳动英雄

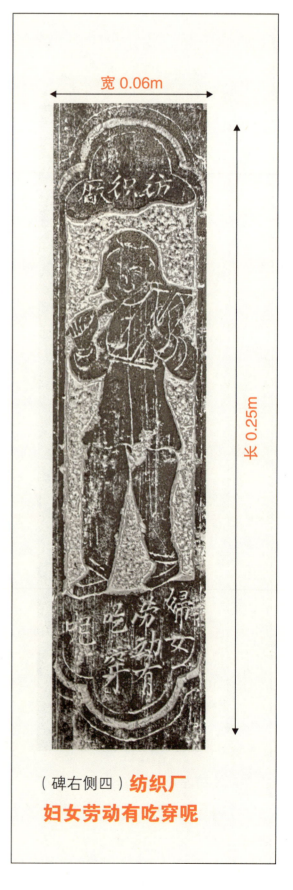

（碑右侧四）**纺织厂**
妇女劳动有吃穿呢

王若飞 秦邦宪纪念碑花卉图案

宽 0.06m

长 0.25m

（碑左侧一）英雄气节

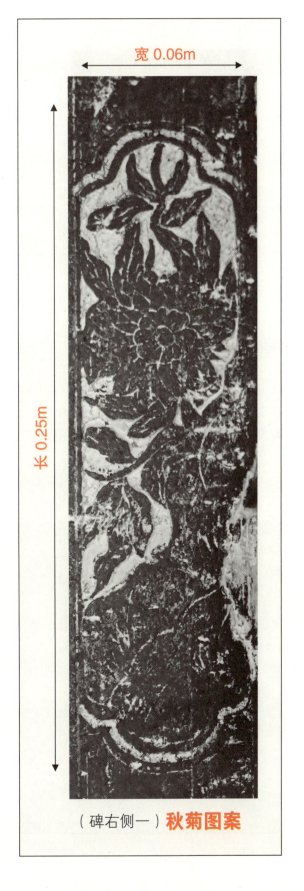

宽 0.06m

长 0.25m

（碑右侧一）秋菊图案

宽 0.06m

长 0.25m

（碑左侧二）**喜鹊登梅**

宽 0.06m

长 0.25m

（碑右侧二）**深谷幽香**

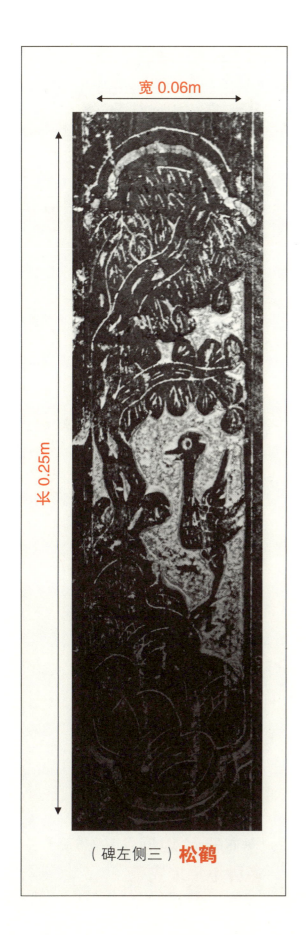

宽 0.06m

长 0.25m

（碑左侧三）**松鹤**

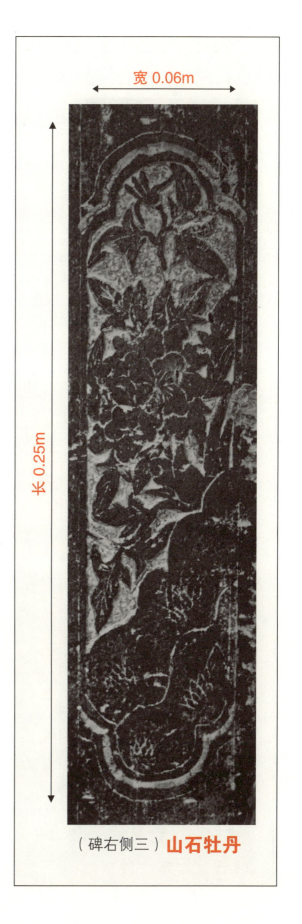

宽 0.06m

长 0.25m

（碑右侧三）**山石牡丹**

赵军撰文碑人物图案

（碑左侧一）**金皇后**（玉米品种）

此种耕三余一年

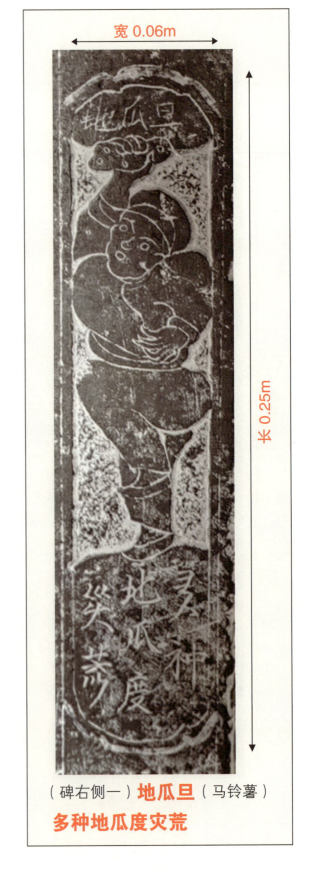

（碑右侧一）**地瓜旦**（马铃薯）

多种地瓜度灾荒

①"耕三余一"是毛主席对抗战根据地生产自救的总要求。1944年12月16日，邓小平同志在太行首届群英会上提出："我们奋斗的目标是做到'耕三余一'和自给自足"。

宽 0.06m

长 0.25m

（碑左侧二）**好棉花**
发展棉花要扩大

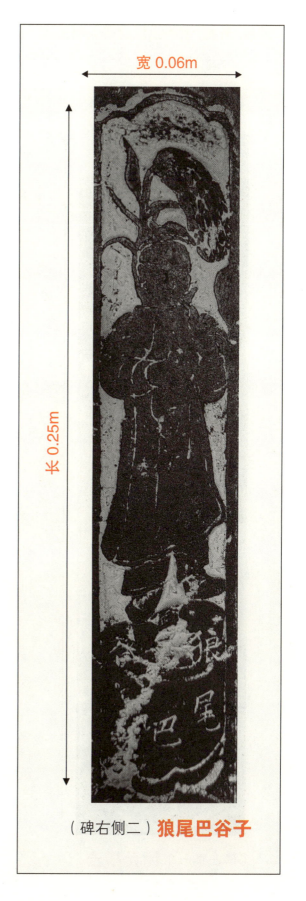

宽 0.06m

长 0.25m

（碑右侧二）**狼尾巴谷子**

邓发 叶挺 黄齐生纪念碑人物图案

宽 0.06m

长 0.25m

（碑左侧一）**民兵战士**

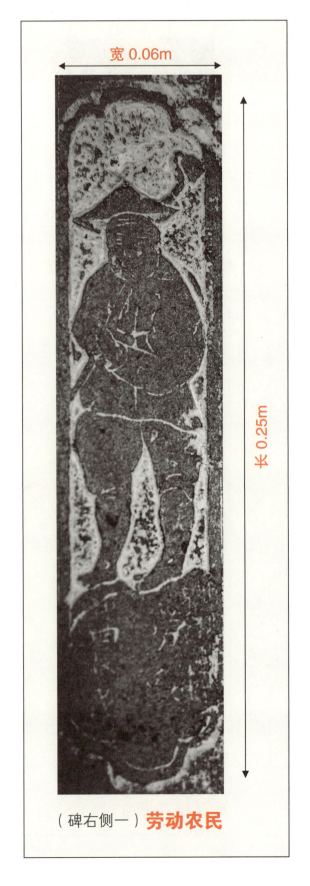

宽 0.06m

长 0.25m

（碑右侧一）**劳动农民**

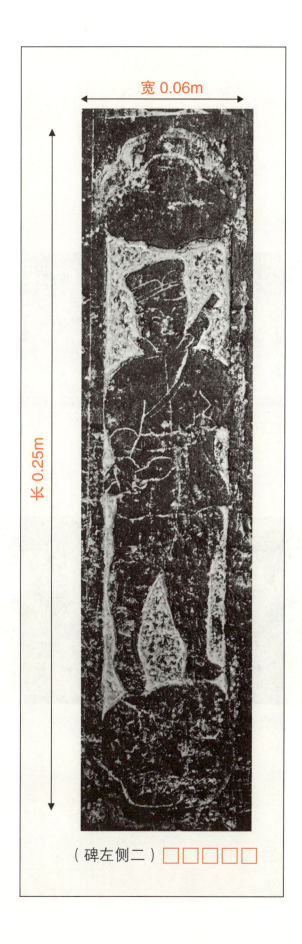

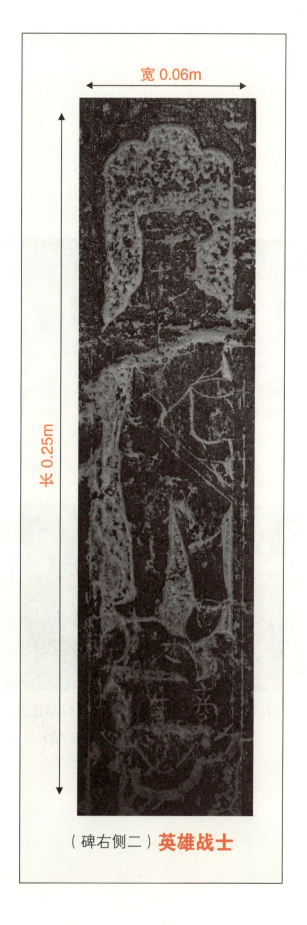

（碑左侧二）□□□□□

（碑右侧二）**英雄战士**

潞城县民兵烈士纪念碑与王若飞纪念碑图案比较

潞城县民兵烈士纪念碑上端有"男女分工互助组开会"图案（1945.8.26）

潞城县王若飞纪念碑上端有"群众民兵儿童 男女分工开会"图案（1946.7.1）

潞城县民兵烈士纪念碑下端有："劳动妇女左右开工（弓）"图案（1945.8.26）

潞城县县城解放一周年纪念碑下端有"互助组来纺线　能纺能织有穿有吃"图案（1946.9.18）

潞城县民兵烈士纪念碑上端有"神头（岭）大战打死鬼子兵"图案（1945.8.26）

潞城县县城解放一周年纪念碑上端有"我军收复长治"图案（1946.9.18）

潞城县民兵烈士纪念碑有"儿童开荒"图案　　潞城县王若飞纪念碑有"儿童劳动起作用"图案

潞城县民兵烈士纪念碑有兰花图案　　　　　潞城县王若飞纪念碑有兰花图案

潞城县烈士亭概况

　　1946年9月18日，为纪念潞城县城解放一周年，潞城县参议会率全县人民建立了"潞城县烈士亭"。建亭碑的原由，是1939年7月12日潞城县城第二次失守，直至1945年9月18日，中共潞城县政权才从县城东北40余里的抗战根据地石梁村迁回县城。

　　潞城县烈士亭建立于县城府西南路东侧，占地面积，南北长104米、东西宽50米。该烈士碑亭，六角攒尖顶，6通石碑相围而成。碑通高均2米，宽0.75米，碑首两层青石出檐，顶部收为圆顶，最上面为火炬造型。面向正西的石碑上镌刻着"潞城县八年抗战殉国烈士纪念碑"，其右侧为"烈士碑文"，其余四通碑文上分别镌刻着抗日战争时期671名烈士的英名。碑上除了碑文和烈士名录外，这些碑体上还镌刻有18幅横刻画及84幅竖立刻画，总计102幅。

　　"抗战八年来潞城县民兵烈士纪念碑"与"潞城县八年抗战殉国烈士纪念碑"各有鲜明的特色。

　　第一，建碑者的主体不同。前者含有太行第四军分区及太行四地委的成分，且，落款为潞城县武委会暨全体民兵立；后者则是潞城县参议会率全县人民立。

第二，碑体纪念对象不同。前者是专题纪念抗战民兵烈士的，后者则是纪念抗战全体烈士的，同时含有民兵烈士。

第三，碑体题词不同。前者有太行军分区政治委员及潞城县县长、潞城县独立营政治委员、武委会主任等四领导题词；后者则没有首长题词。

第四，碑体上的艺术刻画表达概念不同。前者战争场景是"神头（岭）大战打死鬼子兵"（山西潞城地域），对象是抗日民族战争场景；后者战争场景则是"我军收复长治""收复潞城""二区民兵收复微子镇敌人逃跑了""平原军人收复南垂镇""老爷山战役""涉县湖神头大战（河北涉县域）""打五里后"等，对象是反蒋的国内战争场景。

鲁迅艺术学员们在太行的文化艺术影响不仅留在抗日战争时期，也传承发展到了解放战争时期。潞城县烈士亭就是很好的印证。限于篇幅，这里选择了四十余幅刻画记录在此，以供大家甄别刻画艺术传承与发展的研究。

上党战役之一——**收复潞城**（1945 年 9 月 18 日）

注：潞城县城位于长治北 20 公里处，是邯（郸）长（治）公路的重口要道，战略地位十分重要。1939 年 7 月 12 日潞城县城与长治相继沦陷，潞城抗战中心移至县城东北的石梁村一带，直至 1945 年 9 月 18 日由晋冀鲁豫的冀南纵队司令陈再道、副司令孔庆德和政委杜义德指挥的部队收复。

上党战役之二——**平原军人收复南垂镇**（1945 年 9 月 19 日）

注：平原军人指由晋冀鲁豫的冀南纵队司令陈再道、副司令孔庆德和政委杜义德指挥的部队，因来自平原，军服为紫花色，佩戴八路军标识，人们俗称平原军人。南垂镇是潞城县的南部重镇，介于潞城与长治城之间。

长 0.9m 宽 0.14m

长 0.9m 宽 0.14m

场景横面刻画

上党战役之三——**老爷山战役**（1945 年 10 月 2 日）

注：老爷山位于山西东南部白晋公路西侧，属屯留县境，居高临下，控制白（圭）晋（城）公路，是长治北面唯一的险要地形，战略地形重要，事关上党解放关键，夺取此高地战役是于 1945 年 10 月 2 日至 10 月 8 日进行，战斗异常艰难。

上党战役之四——（**潞城县**）**二区民兵收复微子镇 敌人逃跑了**（1945 年 9 月 16 日）

注：微子镇因殷商时期微子在此食邑而得名，是潞城县东部 15 里的战略重镇，1939 年 7 月为日伪窃据，1945 年 9 月 16 日为我潞城县民兵收复。

长 0.9m 宽 0.14m

长 0.9m 宽 0.14m

上党战役之五——**我军收复长治**（1945 年 10 月 13 日）

注：长治位于山西东南部的上党盆地腹地，1939 年 7 月 13 日沦陷，直至 1945 年 10 月 13 日，由刘伯承、邓小平直接指挥收复，史称"上党战役"。此战役是 1945 年秋，国共"重庆谈判"中的一场重要战役，影响深远。

平汉战役——涉县湖神头大战（史称"平汉战役"1945 年 10 月 24 日— 11 月 2 日）

注：平汉战役是继上党战役后，在太行山漳河以北、邯郸以南之平汉路东侧地区进行的晋冀鲁豫军区为反击国民党军队进犯解放区的战役。此战中，国民党高级

长 0.9m 宽 0.14m

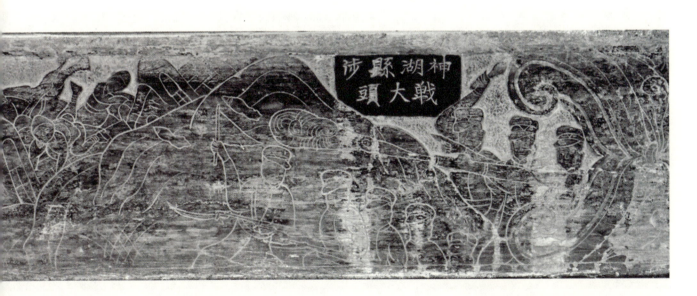

长 0.9m 宽 0.14m

将领高树勋率新八军等万余官兵投诚起义，进入山西潞城六区一带驻防，改称民主建国军。新中国成立后，高树勋出席了中国人民政治协商会议第一届全体会议。（潞城县有神头岭村，涉县有神头乡，注意不要混淆）

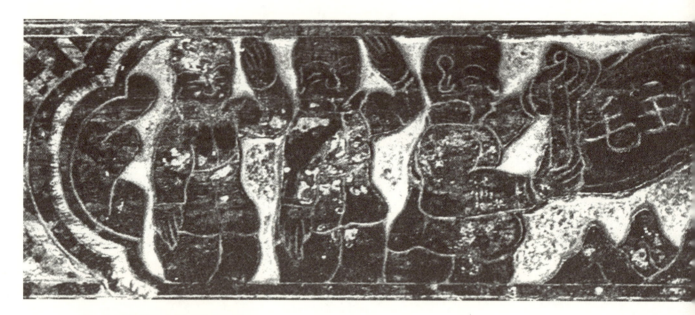

众人响应毛主席号召

打五里后山（1945 年 9 月 17 日）

注：五里后村位于潞城县城东，是县城与微子镇中间的一个行政村，其村北的山脉高地具有重要的战略地位，解放潞城必先占其高地。

长 0.30m 宽 0.06m

长 0.30m 宽 0.06m

互助组来纺线　能纺能织有穿有吃

荷花图案

长 0.30m 宽 0.06m

长 0.30m 宽 0.06m

演练渡河图案

靶场射击图案

长 0.30m 宽 0.06m

长 0.30m 宽 0.06m

女子体育活动图案

男子体育活动图案

长 0.30m 宽 0.06m

长 0.30m 宽 0.06m

凤凰戏牡丹

群众跟（向）英雄学习 英雄跟（向）群众学习[①]

①这是 1944 年 12 月太行区首届群英会的会场宣传标语。

长 0.30m 宽 0.06m

长 0.30m 宽 0.06m

庆祝收复，再踏征程

功业垂千古

长 0.30m 宽 0.06m

长 0.30m 宽 0.06m

花草、人物竖面刻画

宽 0.07m

长 0.23m

金皇后[①]（石刻有误）

（玉米品种的一类）

---

①金皇后玉米品种，是引进美国的玉米品种。源自八路军一二九师生产部部长张克威，曾在美国留学，1941年开始在抗日根据地试验推广，取得成功。1945年上半年，张克威还创办了农业学校，并亲自授课，大力推广优良品种。

我地瓜蛋是好庄稼
（地瓜蛋又名马铃薯、
土豆，蔬菜品类的一种）

宽 0.07m

长 0.23m

宽 0.07m

长 0.23m

儿童　生产

劳动生产　互助起来了

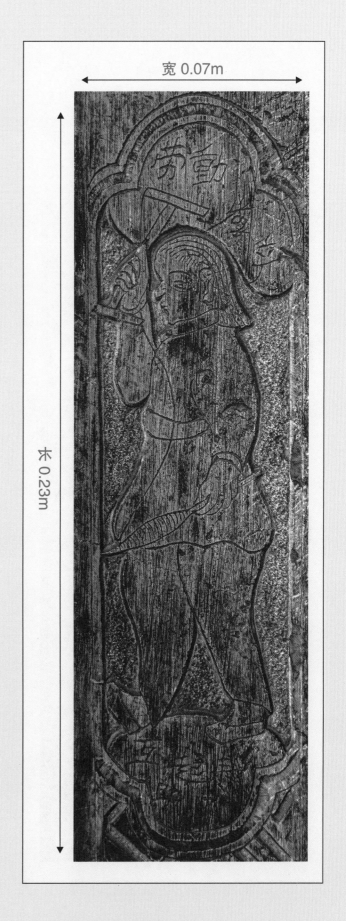

宽 0.07m

长 0.23m

我去锄田苗

我□□□□□敌人

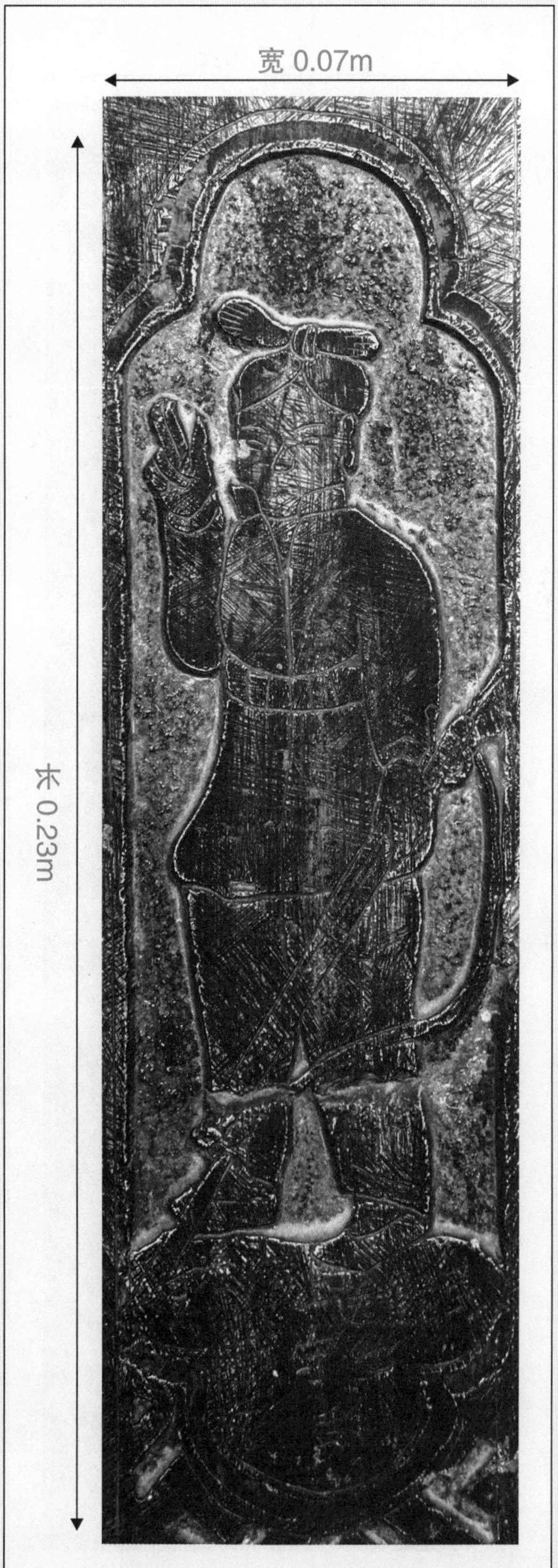

宽 0.07m

长 0.23m

宽 0.07m

长 0.23m

我生产　你工作

劳动农民生产

宽 0.07m

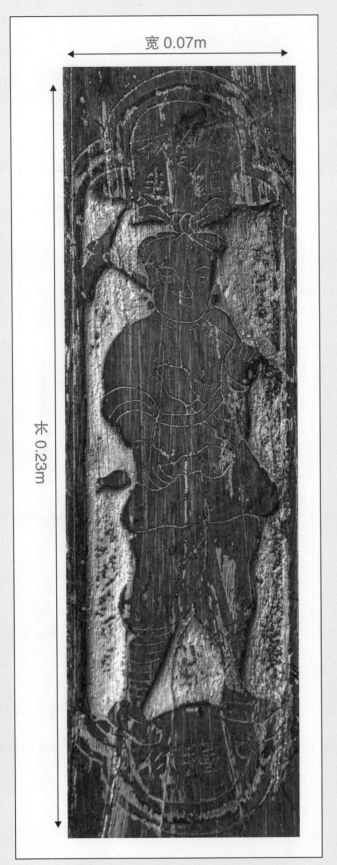

高 0.23m

我是破击组　你种地

难民女子不能走

宽 0.07m

长 0.23m

宽 0.07m

木 0.23m

我在前方工作

你好好劳动

宽 0.07m

长 0.23m

小心查汉奸

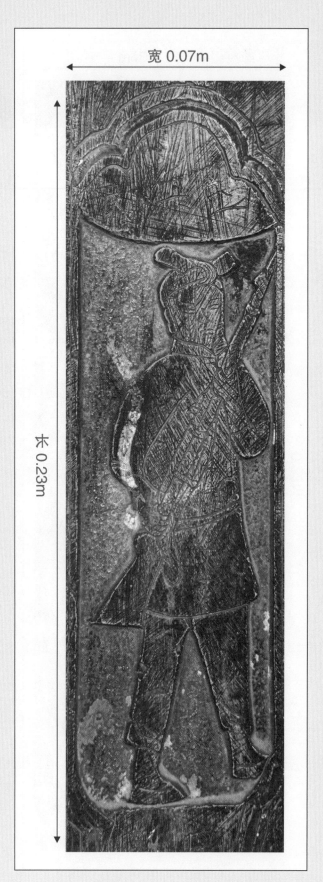

民 兵 王

你战斗　我种地

宽 0.07m

高 0.23m

童真童趣

宽 0.07m

高 0.23m

繁花似锦（宝相花）

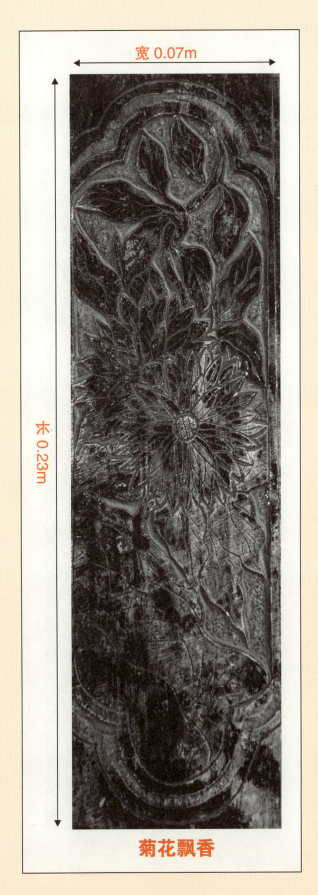

宽 0.07m

长 0.23m

菊花飘香

宽 0.07m

长 0.23m

喜鹊登枝（梅花）

宽 0.07m

长 0.23m

芙蓉出水（莲花）

宽 0.07m

长 0.23m

花开十里香（兰花）

宽 0.07m

长 0.23m

翠竹凌空

宽 0.07m

长 0.23m

花开引凤

宽 0.07m

长 0.23m

牡丹富贵

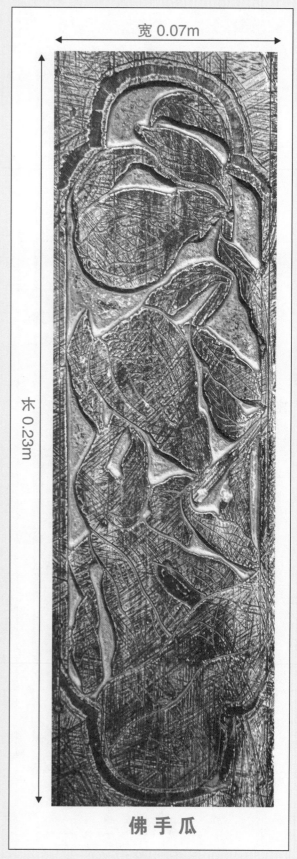

宽 0.07m

长 0.23m

佛手瓜

宽 0.07m

长 0.23m

秋 菊

宽 0.07m

长 0.23m

春 牡 丹

结 束 语

一座纪念亭做本册子，并非心血来潮，缘起亭碑类型罕见。此亭碑规格不菲，铭记了"新英雄主义"、"新文化运动"和"兵民是胜利之本"的历史，表现形式别致，也许是国家唯一，曾一度引领太行抗战文化时代先河！值得考释。

第一，本册在处于太行抗战前沿阵地——潞城县根据地的三幢烈士碑上采集到的艺术珍品，由于其时代背景、地理条件、客观要素等尤显珍贵。首先，是 1945 年 8 月太行第四军分区主导建立的"潞城县民兵烈士纪念碑"，体现了八路军对民兵组织的血水情怀，铭刻了"兵民是胜利之本"的历史；其次，是 1946 年 7 月潞城县参议会率全县人民敬立的"四八烈士纪念碑"，体现了太行老区对党在延安时期，王若飞同志具体分工负责华北（太行）、华东片区抗战工作的感恩情怀，铭刻了党群融洽的历史；最后，是 1946 年 9 月潞城县参议会率全县人民敬立的"潞城县城解放一周年纪念碑"，体现了国破山河在的痛楚，铭刻了凤凰涅槃、浴火重生的历史。

第二，在抗战即将胜利但战争硝烟仍然弥漫的岁月，鲁艺工作者一面应对打仗，一面艺术创作，满怀战友的深情，系统完整地将上百幅歌颂和敬仰人民大众的艺术作品，由木刻艺术转换为石刻艺术，由发表于纸质和墙上的艺术作品转换在金石铭上，可谓珍贵！

第三，在民族战争中诞生的"三三制"参议会组织，是民族统一战线的抗日民主政权。它们及时地在金石铭上歌颂了太行抗战的革命烈士，记载了革命烈士伟绩，也将这一时代的统一战线组织印证在了金石铭上，由此成为太行根据地统一战线组织历史寻踪的打卡地。

第四，抗战时期，潞城县曾是第十八集团军总司令部驻地旧址，是著名的"神头岭伏击战"遗址，是八路军高级将领董天知将军遇难之处，是"平汉战役"国民党高级将领高树勋投诚起义后万余官兵的民主建国军驻地旧址，是太行第四军分区及三十二团驻地旧址。这里还是抗日军政大学、抗大女生队、鲁迅艺术学校、太行实验剧团、中国北方大学等旧址的打卡地。由此，鲁迅艺术作品留在太行的金石铭上就不足为奇了。

这册考释是众人智慧的结晶。深切地感谢以下这些先生、女士们：抗战时期潞城县抗日民主政府县长张予如的女婿安德天先生，这位原山西运城市副市长，冒着严寒现场指教；潞城籍少将李钢先生多次关心；潞城籍原民政部副部长李宝库先生，亲自辨认历史图片；已逾九旬的原潞城县县长郭栋材先生，多次赐教修正历史资料，提供"太南访问记"翔实资料，予以佐证；山西省党史专家张铁锁先生，不辞辛劳，从太原专程赴烈士亭考究，并指导工作；赵鸿燕女士提供的父辈收藏于20世纪50年代初期的《鲁艺木刻集》；鲁艺人阮章竞后代阮援朝夫妇和魏巍后代魏平女士，从北京亲莅亭碑，冒雨寻访和支持；长治日报主任记者张文君先生，生前将他的大作《太行根据地文化》赠我；85岁高龄的文物专家曹建考先生，不吝赐教，反复解读；北京清尚建筑设计院设计师靳彦广先生，不畏酷暑，帮助拓摹辨识历史珍品；常刘锁、韩路平、任峰民三位先生的拍摄合作等。鸣谢中共长治市潞城区辛安泉镇党委、石梁村党总支的鼎力支持！鸣谢潞城市梓源印刷有限公司无私奉献！

石刻留青史，磨洗泪湿襟。考释是件难事，难免有不妥之处，敬请读者、学者和知情者雅正。

张树平

2024 年 8 月 19 日